시간관리의 정석

시간관리의
9:10am

정석
10:05am

○ 오스기 준 지음 · 최지현 옮김

시간을
낭비하지 않는
사람들
11:50am

- WORK
- BALANCE
- MIND
- CAREER
- HAPPY
- LIFE

📖 동양북스

시간관리는
일과 삶의 균형을 지키기 위한
가장 강력한 무기

제가 가장 존경하는 경영 컨설턴트이자 와세다대학교 선배님이시기도 한 오마에 겐이치 씨는 '사람이 바뀌는 방법은 세 가지 밖에 없다'라고 했습니다.

하나, 사는 장소를 바꾸는 것

둘, 만나는 사람을 바꾸는 것

셋, 시간 분배를 바꾸는 것

이 말은 오마에 씨의 신작 《제4의 물결》📖[001]의 후반부에서 언급됩니다. 오마에 씨는《제3의 물결》(앨빈 토플러 저, 범우사, 2014)의 저자이자 그의 친구, 미래학자 앨빈 토플러가 만약 살아 있었다면 예측했을 미래를 상상하며 이 책을 썼습니다.

제1의 물결은 '농업혁명'입니다. 인류는 수렵과 채집이 주를 이루던 목축에서 농업으로 한 단계 발전하며 정착 생활을 시작했습니다. 제2의 물결은 '산업혁명'으로, 공업이 발달하면서 대량 생산이 가능해졌고 인류의 생활 방식까지 대량 소비, 공장 노동으로 바뀌었습니다. 제3의 물결은 '정보혁명'입니다. 앨빈 토플러는 이미 1980년에 지금 같은 정보 사회가 올 것을 예측했습니다.

오마에 씨는 제4의 물결로 'AI 스마트폰 혁명'을 예측합니다. 이는 정보 사회가 한층 더 진화한 형태로 우리는 이 진화한 정보 사회에서 어떻게 하면 시간을 낭비하지 않고 잘 쓸 수 있을지 늘 고민합니다.

시간 분배의 선택지는 비약적으로 늘어나고 있습니

📚 **001**　第4の波, 오마에 겐이치 저, 쇼가쿠칸, 2023

다. 그리고 사람들 사이에서는 시간관리법에 따른 큰 격차가 생길 것으로 보입니다. 오마에 씨가 제시한, 사람이 바뀌는 세 가지 방법 중에서 앞으로는 장소나 사람보다도 '시간 분배를 바꾸는 것'이 가장 중요해질 것입니다. 비즈니스에서도 인생에서도 시간관리법이 중요 포인트가 되는 것, 이것이 바로 앞으로 사람이 바뀔 수 있는 열쇠입니다.

사람들은
왜 늘 시간이 부족할까?

기술 혁신으로 발전한 사회의 모습은 우리가 접하는 정보량이 폭발적으로 증가했음을 보여줍니다. 우리 스스로 처리해야 할 정보량이 너무 많아서 시간이 부족한 것입니다. 또 무슨 일이 일어날지 모르는 VUCA(Volatility, Uncertainty, Complexity, Ambiguity, 변동이 심하고 불확실하며 복잡하고 모호한) 시대인 오늘, 미래가 어찌 될지 예측할 수도 없습니다. 시간관리에 대한 고민이 끊이지 않는 건 어쩌면 내 잘못이 아닐 수도 있습니다.

넷플릭스 같은 OTT 서비스를 구독하고 나서 괜히 손해 보는 것 같은 마음에 한 편이라도 더 보려고 졸린 눈을 비비며 버틴 적 있나요? 잠깐만 보기로 했던 유튜브, 숏폼 콘텐츠를 보다가 훌쩍 시간이 지나버린 경험은 없나요? 텔레비전이나 컴퓨터 앞에 앉아야만 시청할 수 있었던 미디어 콘텐츠들이 이제는 손가락만 움직여도 눈 앞에 펼쳐지니, 어쩌면 우리는 나도 모르는 새 소중한 시간을 흘려보내고 있을지도 모릅니다.

누구에게나 공평하게 주어지는 하루 24시간, 1년 365일의 시간을 어떻게 나누어 쓸 건가요? 평균 수명의 연장과 함께 인생의 시간은 길어지고 있지만, 시간의 유한성에는 변함이 없습니다. 그 한정된 시간을 낭비하지 않고 어떻게 사용하는지가 나의 인생을 바꾸는 열쇠가 됩니다.

이쯤에서 제 소개를 하도록 하죠. 저, 오스기 준은 33년 9개월에 걸친 회사원 생활을 청산하고 1인 기업을 창업해 프리랜서로 일하고 있습니다. 현재는 연수 강사, 경영 컨설턴트, 개인 코칭, 비즈니스서 작가, 라디오 출연 등 여러 가지 일도 겸하고 있습니다.

저는 와세다대학교 정치경제학부를 졸업하고 일본 코교은행(현 미즈호파이낸셜그룹)에 입사해 22년 동안 은행원으로 일했습니다. 그 후 도쿄로 이직해 당시 도지사였던 이시하라 신타로 밑에서 새로운 은행(신은행도쿄)을 설립하는 프로젝트의 창립 멤버로 4년을 지냈습니다. 그 후에도 국제회의 운영회사에서 2년, 제조업체에서 5년 9개월 정도 회사원으로 일했습니다. 그 후에는 회사를 그만두고 프리랜서로 일을 시작했습니다.

12,000권 이상의 책을 읽고 발견한
시간관리의 정석

저는 신입사원 시절부터 닥치는 대로 비즈니스 서적을 읽었습니다. 그러다 보니 한 해에 약 300권의 가량의 책을 읽었고 그 내용을 매일 직접 실천해보는 소소한 취미도 갖게 되었습니다. 이것을 40년이 지난 지금도 매일 계속하고 있으니 누적 약 12,000권의 비즈니스 서적을 독파한 셈이 됩니다.

처음에는 경영, 파이낸셜 관련 지식을 많이 읽었지만 점차 여러 사업 분야에 관심이 생겨 커리어 형성, 업무의 방식, 독서법, 정리 기술, 문장 기술, 공부법, 시간관리법, 인생 설계뿐만 아니라 폭넓은 분야의 비즈니스 서적을 읽었습니다. 능력 개발 및 이직과 창업, 지금까지의 저의 커리어 형성 및 인생 설계는 모두 비즈니스 서적에서 배운 결과라고 해도 과언이 아닙니다.

또 2013년 9월부터는 매일 하나의 서평을 블로그에 기록하기 시작했고, 그후 7년 동안 계속했습니다. 매일은 아니지만 어느새 돌아보니 10년 동안 블로그에 올린 서평이 3,300권 이상이더군요.

이 책은 제가 40년 동안 읽어온 약 12,000권의 비즈니스서 중에서 시간관리의 정석만을 담은 명저 100권을 엄선해 요점만 모아 한 권으로 정리한 것입니다. 시간관리법은 너무나 다양합니다. 저는 이것들을 모두 직접 실천해보고 실제로 효과가 있었던 것을 6개의 주제로 분류해 키워드, 핵심 문장과 함께 소개하고 해설하는 구성으로 이 책을 집필했습니다.

먼저 여기서 그 6개의 주제와 키워드를 소개하고자 합니다. 장당 하나의 주제를 다루고 있으며 총 6장으로 이루어진 구성입니다.

1. 모든 일의 기본 : 준비 작업, 효율화, 속도, 업무 정리, 생산성, 핵 (Hack), 업무 기술, 시간관리 기술
2. 삶과 균형 : 시간 배분, 우선순위, 버리기, 자기 시간, 디지털 DX, AI 업무 기술
3. 마인드셋 : 동기부여, 행동력, 곧바로 하기, 사고력, 습관
4. 커리어 형성 : 전문성, 희소성, 차별화, 일하는 방식, 팀 성과, 아웃풋
5. 행복 실현 : 꿈, 목표, 행복하게 일하는 방법, 문제 해결, 삶의 보람
6. 인생의 변환점 : 인생 설계, 인생의 후반, 생애 현역, 생애 공헌

특히 100가지의 인사이트는 모두 제가 직접 실천해 효과를 본 것들입니다. 시대 변화에 대응하기 위해 최대한 최근에 출간된 책들을 우선시했지만, 시대가 변해도 통용되는 보편적 가치를 가진 고전적 명저도 소홀히 할 수 없었습니다. 출간일에 따른 서적 수는 오래된 순으로 다음과 같습니다.

1996년 1권

2007~2015년 8권

2016년~2020년 36권

2022년 18권

2023년 31권

이처럼 2022년, 2023년 최근 2년 동안 출판된 책만 49권입니다. 또한 각 장에서 언급되는 책은 '시작하는 말'과 '끝내는 말'에 각 1권씩이고 그 외 나머지는 다음과 같습니다.

1장 모든 일의 기본 17권

2장 삶과 균형 15권

3장 마인드셋 17권

4장 캐리어 형성 18권

5장 행복 실현 16권

6장 인생의 변환점 15권

단, 장별 키워드는 제가 읽고 중요한 주제라고 이해한 것을 기준으로 삼았습니다. 당연한 이야기지만 각 책에서 다루고 있는 주제는 하나가 아니라 대부분 여러 가지가 섞여 있습니다. 모든 주제를 아우르고 있는 책도 있습니다. 따라서 주로 어떤 주제에 비중을 두고 쓴 책인지는 제가 이해한 기준으로 분류했다는 점을 참고로 생각해주세요.

일 잘하는 사람은
잘 삽니다

제가 말하려는 6개의 주제는 시간에 따라 단기, 중기, 장기로 나뉩니다. 1장과 2장은 단기적인 관점에서의 효율적인 업무 진행 방식, 생산성 향상에 초점을 맞추면서 20, 30대의 직장인에게 도움이 되는 비결을 많이 소개했습니다.

3장, 4장은 20대부터 50대까지 폭넓은 직장인들이 가장 관심을 많이 갖는 중기적 관점에서 사고력, 습관화, 차별화를 중심으로 커리어 형성에 도움이 되는 내용을 중점적으로 다뤘습니다.

끝으로 5장, 6장에서는 전 세대에 걸쳐 도움이 되는

인생의 변환점 전략 전반에 대해 다루었으며 장기적 관점에서의 꿈, 목표의 실현, 행복, 인생 설계에 대해서 깊게 고찰했습니다.

각 장에서 소개하고 있는 100가지의 시간관리법은 모든 내용을 요약하거나 인용하지 않았습니다. 각각의 포인트를 키워드와 핵심 문장 형태로 정리해서 독자 여러분이 효율적으로 기억할 수 있도록 했습니다.

다시 한번 강조하지만 이 100가지 시간관리법은 어디까지나 제가 실제로 실천해서 효과가 있었던 것, 또 현재도 계속해서 실천하고 있는 것들입니다. 키워드와 핵심 문장은 책에서 사용된 표현을 그대로 사용한 것도 있지만, 대부분은 제가 알기 쉽게 정리하거나 말을 바꿨습니다. 그중 여러분이 들어봤음직한 이야기가 있을 수도, 새롭게 접하는 이야기가 있을 수도 있습니다. 분명한 것은 회사 업무에서뿐만 아니라 생활에도 적용할 수 있는 값진 인사이트란 것입니다.

참고로 시간관리법을 주제로 수많은 저서를 출간한 작가의 경우에는 대표적인 한 권 또는 최신간 한 권만 다

14

루기로 했습니다.

또한 각 장의 마지막에는 '칼럼'을 추가해 시간관리법, 커리어 형성, 인생 설계 측면에서 저에게 특별히 더 큰 영향을 미친 책을 더 상세히 소개했습니다.

여기서 다루는 100개의 인사이트 이외에도 시간관리법에 관한 좋은 책들은 정말 많습니다. 하지만 여기서 선정한 명저는 그중에서도 엄선한 100권이며 매달 출간되는 수많은 비즈니스서 중에서 저 자신 또는 제 컨설팅 현장에서 실천해보고 효과가 있던 책이기에 자신 있게 추천할 수 있습니다. 《시간관리의 정석》한 권만으로도 100권의 지혜를 효율적으로 습득할 수 있도록 최대한 알기 쉽게 해설했습니다. 이 책은 반드시 처음부터 순서대로 읽을 필요는 없습니다. 본인이 관심이 있는 주제만 골라서 읽어도 이해할 수 있도록 짜여 있습니다.

각 명저의 내용을 더 깊이 알고 싶으신 분들을 위해 책의 가장 마지막 부분에 한눈에 볼 수 있는 '시간관리의 정석을 담은 비즈니스서 100'을 실었습니다. 그중 어떤 책을 읽어도 후회하지 않을 것이라고 자신 있게 추천할

수 있습니다. 여러분의 고민거리나 관심이 있는 주제에
맞게 활용해 주세요.

시간은 유한합니다. 좋은 인생을 보내기 위해서는 시
간을 내 편으로 만드는 것이 얼마나 중요한지, 시간관리
의 정석을 여러분과 나누고 싶습니다.

시간관리의 정석

차례

1장   모든 일의 기본
시간관리만 잘해도 중간은 간다

#준비 작업 #효율화 #속도 #업무 관리 #생산성
#핵(Hack) #업무의 기술 #시간의 기술

◯ Basics of Work

4장 커리어 형성
나답게 일하는 법

#전문성 #희소성 #차별화 #업무 방식
#팀 성과 #아웃풋

● Career Development

5장 행복 실현
도전을 그만두지 않는 것

#꿈 #목표 #행복한 업무 방식 #문제 해결
#삶의 보람 #인생의 미션

● Realization of Well-being

6장 인생의 변환점
또 다른 시작

#인생설계 #인생의 후반 #생애 현역 #생애 공헌

● Life Shift

1장 모든 일의 기본

Basics of Work

시간관리만
잘해도
중간은 간다

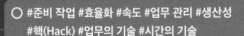

○ #준비 작업 #효율화 #속도 #업무 관리 #생산성
#핵(Hack) #업무의 기술 #시간의 기술

일, 잘하면
저절로 빨라진다

일의 기본은 뭐니 뭐니 해도 속도입니다. 거북이와 토끼의 경주에서 모두가 토끼의 승리를 예상했던 이유는 토끼가 빠른 발을 가졌기 때문이었습니다. 단순하게는 일하는 속도가 빨라지면 많은 일을 할 수 있고, 결국에는 생산성이 올라갑니다. 빠르게 일을 처리하는 것은 가장 단순한 일의 기본 원칙이라고 할 수 있습니다.

1장에 나오는 '모든 일의 기본'과 다음 장 '삶과 균형'은 지금 바로 현재, 단기적인 관점에서 일을 바라봅니다.

그렇다면 지금, 일의 속도를 올리기 위해 가장 중요한 것은 무엇일까요?

바로 미리 준비하는 것입니다. 어떤 분야에서든 준비를 잘하는 사람은 일의 주도권을 쥐고 있는 사람입니다. 일명 '물밑 교섭'이 준비 작업의 관건이라고도 합니다. 15년 동안 베스트셀러의 자리를 지키는《야근 제로! 일이 3배 빨라지는 준비 작업》[002]은 모든 일에서 준비 작업이 얼마나 중요한지를 설명하고 있습니다. 실제로 입사한 지 얼마 안 된 신입사원이나 젊은 회사원이 읽고 바로 실천할 수 있게끔 그림과 사진을 중심으로 알기 쉬운 내용을 담아 많은 사랑을 받고 있습니다. 과거 야구팀 야쿠르트 스왈로즈에서 프로 선수로 활약한 바 있는 야구 평론가 후루타 아쓰야 씨도 일과 삶에 관한 모든 사고방식을 배울 수 있는 책으로 이 책을 추천합니다.

일의 순서 또한 중요합니다. 일의 순서가 바뀌면 일의 효율, 생산성, 성과도 크게 바뀝니다. 이런 이유로 업무 순서를 살피는 것이 중요한 일의 기본이 되겠지요.《일의 '품질'과 '스피드'가 올라가는 일의 순서》[002]에서는 일을

---

[002] 残業ゼロ！仕事が3倍早くなるダンドリ仕事術, 요시야마 유키 저, 아스카출판사, 2008

못 하는 이유는 능력이 없어서가 아니라 일의 진행 방식이 틀렸기 때문이라고 말합니다. 그리고 구체적으로 일을 진행하는 기본 형태로 'GRAPH(그래프)'를 제시합니다. 이 GRAPH는 일을 진행하는 순서를 정할 때 번뜩이는 해결책을 줄 것입니다.

- Goal : 목적, 목표 정하기

- Route : 길, 수단 생각하기

- Agreement : 조정하기

- Progress : 실행하기, 진행상황 관리하기

- Harmonize : 조화롭게 만들기

시간의 주도권을 가진 사람은 인생이나 직장에서 승리자가 될 수 있는 열쇠를 가진 것이나 다름없습니다. 실제 삶에서 바로 실천할 수 있는 비결은《낭비 제로, 생산성을 3배로 올리는 가장 빨리 일을 끝내는 사람의 시간 단축 기술》[003]에서 볼 수 있습니다. 여기에는 인재 채용

📚 003   仕事の「質」と「スピード」が上がる仕事の順番, 다나카 다카히코 저, 포레스트출판, 2023

회사 법인영업직으로 일하며 실무자 부문과 매니저 부문에서 연간 전국 1위 표창장을 4번이나 수상한 저자의 실천 지식이 아낌없이 나와 있습니다. 실제 시간 단축의 기본 테크닉 중 제가 실천해서 특히 좋은 성과를 올렸던 것은 다음 다섯 가지입니다.

1. 주 작업에 집중하고 부수 작업이나 낭비 작업은 다른 사람에게 맡긴다
2. 낭비를 없애는 ECRS(Eliminate, Combine, Rearrange, Simplify, 제거, 결합, 교환, 단순화)
3. 시간 단축의 성패는 '납기 기한의 주도권'에 달려 있다
4. 단시간에 결과를 내는 'Focus & Deep'
5. 재미없는 일이라도 '즐겁게, 간단하게, 효과를 확인하기' 법칙을 적용하자

이 중에서도 특히 큰 효과가 있었던 것은 3번입니다. 대개 회사에서는 원칙적으로 지시나 의뢰에 따라 일하는

📖 **004** 無駄ゼロ、生産性を3倍にする最速で仕事が終わるひとの時短のワザ, 이바 마사야스 저, 아스카출판사, 2022

시간관리의 정석

경우가 많습니다. 그렇기에 일의 시작과 동시에 납기 기한을 확인하고, 결정하는 것이 시간 단축의 최대 열쇠를 쥐고 있습니다. 일을 빨리 잘하고 싶은 사람이라면 스스로 주도권을 쥐고 납기 기한을 정해야 합니다. 만약 이때 주도권을 놓쳐, 의뢰자의 말대로 움직이게 되면 나만의 속도와 방식으로 일을 진행하기가 어려워집니다.

아무래도 맡은 일이 재미없고 하기 싫을 때도 있죠. 그래도 해야 하는 상황이라면 '즐겁게, 간단하게, 효과를 확인하기'의 마음가짐으로 임하는 게 좋습니다. 제 경험상 일의 속도를 올리기 위해서는 리듬감이 중요합니다. 위에서 말한 '즐겁게, 간단하게, 효과를 확인하기' 법칙으로 진행하면 재미없는 업무를 할 때도 리듬이 생겨나 속도가 올라갑니다. 여러분도 꼭 한번 시도해 보세요.

빠른 속도는 시간관리의 최강 무기입니다.
'로켓 스타트 시간관리법'은 처음 20%의 시간 동안 일의 80%를 끝내버리는 시간관리법입니다. 통상적으로 이것은 '8:2의 법칙' 또는 '팔레트 법칙'이라고도 불리며 다양한 분야에 보편적으로 적용되고 있습니다. 이를테면

회사의 매출 및 이익의 80%는 상위 20%의 직원이 냅니다. 또 상위 20%의 주력 상품이 이익을 내는 경우도 있습니다.

마이크로소프트 본사에서 윈도우 95의 개발에 참여했던 프로그래머 나카지마 사토시의《오늘 또 일을 미루고 말았다》◈ **005**에서는 전체 모습을 정확히 파악한 다음에 가장 중요한 20%에 초점을 맞추면 전체의 80%는 커버할 수 있다고 말합니다. 일의 속도를 올리기 위해서는 일 시작 후 20%에 해당하는 시간 안에 업무의 80%를 끝내 버리는 '스타트 대시'가 중요하다는 것입니다.

제가 22년간 일했던 일본코교은행은 2002년에 다이이치칸교은행, 후지은행과 합병하여 미즈호파이낸셜그룹이 되었습니다. 하지만 시작 직후부터 대규모 시스템 장애를 일으켰고 그 후 20년에 걸쳐 시스템 통합이 이루어지지 않아 이것이 결국 경영의 발목을 잡았습니다. 그 후에도 시스템 장애를 반복해 결국에는 일본 금융청으로부터 업무 개선 명령을 받았습니다.

◈ **005**   나카지마 사토시 저, 양수현 역, 북클라우드, 2017

3사의 시스템 통합이 실패한 최대 원인은 통합이 결정된 직후, 어느 은행의 시스템을 기반으로 할지 결정하지 못했기 때문입니다. 단기간에 끝내야 하는 시스템 통합은 원래 한 회사의 기존 시스템을 기반으로 나머지 시스템을 연결해 통합하는 것이 일반적인 상식인데도 불구하고 이 3사는 누구 하나 양보하지 않았고, 끝내 시스템 개발은 시작조차 하지 못하고 쓸데없이 시간만 지나버렸습니다.

처음 20%의 기간 동안 시스템 전체의 80%를 구축하고 남은 20%는 80%의 기간 동안 개발 및 테스트, 검증을 반복하면서 신중하게 진행하는 것이 가장 효율적인 업무 진행 방식입니다. 시스템 개발을 담당하던 현장에서는 몇 번이나 납기 기한을 넘길 것 같다고 경고했지만, 3사의 임원진이 주도권 쟁탈에 여념이 없었던 탓에 의사결정을 제때 내리지 못해 전대미문의 시스템 장애를 일으킨 것입니다. 물론 이런 식의 대규모 실패 사례가 많지는 않지만 스타트 대시의 원칙의 중요성을 보여주고 있습니다.

어떻게
빨리 할 수 있을까?

자, 그렇다면 일의 준비, 순서와 스타트 대시에 중요한 요소는 무엇일까요?

바로 일의 전체를 업무별로 정리해서 그 진척 상황을 관리해 나가는 일입니다.《이 사람은 왜 정리에 강한가》[006]에서는 정리 과정을 다음과 같이 소개합니다.

1. 현상 파악 : 대상(클라이언트)의 상황을 진단해서 현상에 관한

　　　　정보 얻기

2. 시점 도입 : 정보에 특정 시점을 도입해 다시 나열하고 문제의

---

[006]　사토 가시와 저, 정은지 역, 바다출판사, 2008

본질을 규명하기

3. 과제 설정 : 문제를 해결하기 위해 클리어해야 할 과제 설정하
기

이 과정, 어디선가 들어본 것 같지 않나요? 사토 가시와 씨의 업무 관리법은 의사가 환자를 진단하고 처방전을 내는 과정과 같습니다. 클라이언트를 진단하고 현재 상황을 파악하는 것이 출발점입니다.

첫 번째 포인트는 문제의 본질에 접근하는 것입니다. 진단을 통해 파악한 정보는 아직은 혼란스러운 상태이기 때문에 정리가 필요합니다. 예를 들어, 정보를 다시 나열하거나 우선순위를 매기고 필요 없는 것은 과감히 버림으로써 모호한 부분을 삭제합니다. 또한 정보 간 관계성을 찾아내고 모순이 없도록 정리합니다. 즉 문제의 본질을 규명하기 위해서 정보의 인과관계를 명확하게 하는 것이죠. 이를 위해 반드시 필요한 것이 나만의 시점을 도입하는 것입니다. 그 후에 우리의 과제는 올라야 하는 산입니다. 그렇기에 등반 코스를 분류해 나가는 것이 최종 설정입니다.

즉, ① 전체를 이해하기 위한 상황 파악, ② 독자적인

시점을 도입한 정리와 본질의 이해, ③ 해결해야 할 과제 설정이라는 업무 정리와 관리 프로세스가 중요합니다.

사실 이 과정대로 업무를 하는 사람은 많지 않습니다.《어쩐지 일이 빨리 끝나지 않는 사람을 위한 그림으로 설명하는 초 작업 관리 기술》📖 **007**에서는 업무 관리를 둘러싼 오해 네 가지를 다음과 같이 말하고 있습니다.

1. 업무 내용을 써서 붙여 놓으면 잘할 수 있을 것이라고 생각한다
2. 업무 관리를 곧, 스케줄을 짜는 것이라고 생각한다
3. 멀티 태스크로 극복할 수 있을 것이라고 생각한다
4. 장기 계획을 세워 역산하며 일을 처리해야 한다고 생각한다

주변에도 이런 사람이 있지 않나요? 해야 할 일을 벽에 크게 써서 붙여 놓는다거나 모니터 앞에 메모지를 잔뜩 붙여 놓는 사람 말입니다. 당연한 이야기지만, 업무를 크게 써서 붙여 놓는다고 잘 될 리가 없습니다. 할 일을

📖 **007**   なぜか仕事が早く終わらない人のための図解超タスク整理術, 사사키 쇼고 저, 아침출판, 2022

써 놓기만 하고 좀처럼 행동으로 옮기지 않는 사람이 많기 때문입니다.

2는 업무 관리를 스케줄 표 위에서만 하는 사람의 경우를 말합니다. 회의 같은 '일정'과 해야 할 일인 '업무'는 확실히 구분하는 것이 시간관리의 기본인데 의외로 사람들은 어려워합니다. 3의 멀티 태스크는 어떤 이미지가 떠오르나요?

- 전화하면서 서류를 정리한다
- 기획에 대해서 생각하면서 메일에 회신한다
- 복수의 프로젝트를 병행해서 추진한다

여러분도 이런 경험이 있진 않은가요? 저자는 '이처럼 사람은 멀티 태스크를 여러 가지 의미로 사용하고 있으며 모르는 새에 멀티 태스크의 함정에 깊이 빠져버리는 경우가 있다'라고 지적합니다. 멀티 태스크의 함정이란 아무리 우수한 사람이나 천재라도 한 번에 한 가지 일밖에 할 수 없는 것을 말합니다.

4에서는 미래는 아무도 모르기 때문에 단기 계획을 세워 업무 관리에 집중해야 한다는 것을 말합니다.

업무 관리라고 하면 어려운 느낌이 드나요? 이를 막기 위해 일을 할 때 하루분의 일을 계획해 완충 장치를 마련하자는 '마냐나의 법칙'이 있습니다. 스페인어로 '내일'을 뜻하는 마냐나의 법칙은 오늘 생긴 일은 내일 하자는 원칙입니다. 《굿바이! 바쁨》📖 [008]에서는 다음과 같은 '내일' 포인트를 설명합니다.

- 수정이 가능한 리스트는 새로운 일을 무제한으로 추가할 수 있으므로 좋지 않다
- 수정이 불가한 리스트를 활용하면 전체 일의 양을 적절하게 관리할 수 있다
- 기본적으로 '내일 한다'는 원칙을 세우고 수정을 할 수 없는 리스트를 사용한다
- 손이 많이 가는 업무는 세세한 업무의 집합체가 된다
- 매일 발생하는 일은 데일리 업무 리스트로 관리한다
- 가장 먼저 해야 할 업무를 하나만 정해 아침에 제일 먼저 한다
- 오늘 안에 반드시 하겠다는 확인만 해두면 일에 우선순위를 매길 필요가 없다

📖 008   마크 포스터 저, 신성재 편역, 교회성장연구소, 2009

즉, '마냐나의 법칙'이란 일을 효율적으로 진행하는 시스템이며 업무 관리에 자신이 없거나 거부감이 있는 사람에게는 돌파구가 될 수 있습니다.

그 밖에《싱글 태스킹》📖 009에서도 눈앞의 업무 한 가지에만 집중하는 '싱글 태스크'를 강력하게 추천합니다.

📖 009   데보라 잭 저, 이혜리 역, 인사이트앤뷰, 2015

어떻게
잘할 수 있을까?

과로가 사회문제로 떠오른 후, 사회에서는 업무 방식을 개혁하자는 큰 흐름이 대두되었습니다. 그리고 기업에서는 업무 시간보다 생산성을 향상하자는 주요 과제를 내세웠습니다. 최대한 짧은 시간 안에 최대한의 성과를 올리는 업무 방식을 지향하는 것입니다. 최소한의 시간을 들여 최대한의 성과를 얻는 것, 이것을 우리는 '생산성의 향상'이라고 합니다.

그럼, 생산성을 높이기 위해서는 어떻게 하면 될까요? 일단 생각하는 일부터 시작해야 합니다.《시간 최소화 성과 최대화 법칙》📖 010에서는 '같은 기술이라도 성과를 올릴 수 있는 생각의 습관과 올리지 못하는 생각의 습

시간관리의 정석

관은 확실히 존재한다'라고 말합니다. 그리고 짧은 시간 안에 지속적인 성과를 올릴 수 있는 황금 법칙 총 45가지를 소개합니다. 그중에서 제가 실천해보고 특히 성과를 올렸던 것은 다음 6개입니다.

- 성과 = 기술 × 사고 알고리즘
- 긴급도보다 중요도가 먼저다
- 벽은 넘을 수 있는 높이로만 나타난다
- 남 탓을 하지 않는다
- 성공확률 70% 챌린지 법칙
- 여유와 행복은 지금 바로 손에 넣는다

이것들은 모두 '사고방식'에 관한 법칙입니다. 기술의 차이는 있어봤자 3배, 하지만 사고 알고리즘은 최대 50배의 차이가 있다는 것이 기노시타 씨의 메시지입니다. 이 책은 바로 그 사고 알고리즘을 습득할 수 있는 법칙을 소개하고 있습니다.

010   기노시타 가쓰히사 저, 류두진 역, 한빛비즈, 2023

생산성에 대해 더 깊게 알아볼까요? 바로《일하는 시간을 줄여드립니다 : 1년간의 생산성 실험이 밝혀낸 잘되는 사람의 루틴》[011]의 저자인 크리스 베일리는 두 회사의 면접에 합격했지만 모두 퇴사하고 1년 동안 'AYOP(A Year of Productivity, 생산성의 1년)'라는 프로젝트를 실시했습니다. 그는 1년 365일 동안 구체적으로 다음과 같은 일을 했다고 합니다.

- 생산성에 관한 서적과 학술지 기사를 닥치는 대로 읽고 이름이 알려진 연구는 더 깊이 조사하기
- 생산성 전문가를 취재하고 그들이 어떤 일상을 보내고 있는지 확인하기
- 생산성 실험을 최대한 많이 하고 실험 대상이 되어 정말로 도움이 되는지 조사하기

여기서 얻은 결론을 바탕으로 그는 '생산성 향상 작전 25가지'를 정리했습니다. 저는 이 방식을 실천하면서 다음과 같은 결과를 알 수 있었습니다.

---

[011]   크리스 베일리 저, 황숙혜 역, 알에이치코리아, 2023

1. 일할 때 반드시 해야 하는 중요한 일을 구별할 수 있다

2. 그 일을 효과적으로 해낼 수 있다

3. 낭비 없이 시간을 관리할 수 있다

4. 자꾸 미루지 않게 되었다

5. 머리를 쓰면서 일할 수 있다

6. 집중력을 높일 수 있다

7. 하루종일 머리를 상쾌하게 유지할 수 있다

8. 지금보다 더 활력을 비축할 수 있다

그럼 이런 일들을 할 수 있게 되는 '생산성 향상 작전 25가지'란 과연 무엇일까요? 25가지 중 제가 실천해보고 효과가 있었던 것을 소개합니다.

- 생산성이 올라가는 시간대를 안다

- 해야 할 일을 전체적으로 파악한다

- 싱글 태스크를 철저히 한다

- 마인드풀니스(Mindfulness)와 명상의 효과

- 수면이야말로 최강의 무기

가장 효과가 있었던 것은 첫 번째, 생산성이 올라가는 시간대를 아는 것입니다. 성공한 사람들은 대부분 아침 시간을 잘 활용합니다. 아침은 뇌의 피로가 적기 때문에 우리에게도 낯선 이야기가 아닌데요. 이 책을 계기로 아침 시간을 좀 더 철저히 활용해보았더니 눈에 띄는 성과를 올릴 수 있었습니다.

저는 자는 시간을 조금 앞당기고 아침 4시에 일어나기 시작했습니다. 그 결과 특히, 창의적인 일의 생산성이 좋아졌습니다. 이것은 마지막 두 가지, '마인드풀니스와 명상의 효과' 및 '수면이야말로 최강의 무기'와도 관련이 있는 작전입니다. 또한 여기서도 마찬가지로 싱글 태스크의 중요성을 전하고 있습니다.

생산성에 대한 개념의 차이를 쓴 책 중 흥미로웠던 것은 《생산성》[012]이라는 책입니다. 일본 기업과 미국 기업은 '리더십'과 '생산성', 두 가지 측면에서 인재를 구하는 자질 및 육성법에 차이가 있다고 합니다. 특히 미국 맥킨지에서는 작년과 올해의 '생산성의 변화율'을 중점적으

---

012   이가 야스요 저, 황혜숙 역, 쌤앤파커스, 2017

로 평가한다고 합니다. 그만큼 늘 생산성을 의식한 업무 방식을 추구하고 있는 것이죠.

한편 일본 기업은 매출 및 이익과 성과에는 초점을 맞추지만 분모라 할 수 있는 노동의 투입 시간에는 별로 관심을 기울이지 않습니다. 인구 감소에 따른 노동력 부족이 심각해지고 있는 현대의 일본 사회에서는 노동 투입 시간을 신경 쓸 수밖에 없기에 이러한 환경 변화는 오히려 기회가 될 수 있다고 저자는 지적합니다.

그리고 미래에는 내키지 않아도 '생산성'을 의식한 업무 방식을 선택하게 되지 않을까요?

시간의
주도권을 잡아라

정시 퇴근하며 성과를 올리는 삶, 모든 직장인들이 꿈꾸는 일이 아닐까요? 여기에 한 가지 해답을 드립니다.

《모든 일에 마감시간을 정하라》📖 013의 저자인 요시코시 씨는 전 트라이엄프인터내셔널 재팬의 대표이사이자 19년 연속 수익 증대를 달성한 경영자로, 자기 일의 효율을 높일 수 있을 뿐 아니라 부하 직원의 업무도 관리하면서 업무 속도를 올리는 데에도 뛰어난 효력을 발휘하는 '데드라인 업무 법칙'을 주장합니다. 여기서 포인트는 단두 가지입니다.

📚 013   요시코시 코이치로 저, 정정일 역, 원앤원북스, 2008

1. 매일 '엉덩이 시간'을 정하고 일을 한다(야근에 질척이기 금지)

2. 모든 일에 '마감일'을 정하라

사실 이 두 개의 포인트는 '모든 일에 마감 시간을 설정한다'라는 한마디로 정리할 수 있습니다. 생각보다 간단하지 않나요? 그만큼 단순한 규칙이라 꾸준히 실천할 수 있다는 장점이 있습니다.

심리학적으로 인간에게는 '마감 효과'라는 것이 있습니다. 마치 야근 시간이 정해져 있으면 집중력이 높아지는 것처럼 말입니다. 저 역시 강의를 준비할 때나 이 책의 원고를 집필할 때 마감 시간을 정하고 집중력을 높이는 방법을 종종 이용합니다.

이런 업무 방식은 조직 전체의 효율로 이어질 수 있습니다. 요시코시 씨는 이런 방식으로 자신이 경영하는 트라이엄프인터내셔널 재팬을 19년 연속 수익 증가로 이끌었던 것입니다.

야근하지 않고 월급이 오르는 사람이 되기 위한 8가지 습관을 소개하고 해설한《매일 정시에 퇴근해도 월급이 오르는 시간 사용법을 금융 전문가에게 물어보았다!》📖**014**에서는 데드라인 설정뿐 아니라 다음과 같은 세 가지 시간관리를 통해 정시에 퇴근하면서도 월급도 올리는 방법을 알려줍니다.

1. 제한 : 시간을 제한한다
2. 이동 : 시간을 옮긴다
3. 가속 : 속도를 높인다

즉, 데드라인을 설정하여 시간을 제한하고 시간을 옮기거나 속도를 높이면서 일하는 시간이 짧아지면 짧아질수록 연 수입이 올라가는 선순환을 만드는 것입니다.

저는 실제로 좋아하는 일에 시간을 쓰면 업무 효율이 단연코 높아진다는 저자의 경험을 그대로 따라 했을 때 효과가 좋았습니다. 무엇보다 하기 싫은 일을 야근까지 하면서 힘들게 하는 게 아니라 스스로 데드라인을 정해

📖 **014**　毎日定時で帰っても給料が上がる時間の使い方をお金のプロに聞いてみた!, 이노우에 요이치 저, 선마크출판, 2016

서 집중력을 발휘해 빨리 끝내버리고 나머지 시간은 다른 좋아하는 일에 쓴다는 순환 구조를 직접 만들어내는 것이 중요합니다.

시간의 주도권을 직접 쥐게 되면 자연스럽게 월급도 올라갑니다.

시간을 잘 쓰는 것은
나를 아끼는 것

지금까지 언급한 사전에 준비하기, 효율화, 속도, 업무 관리, 생산성 등을 포함한 종합적인 일의 기본, 업무 기술, 시간관리법을 이 장의 마지막 순서로 소개할까 합니다. 모두 제가 실천해보고 효과가 있었던 내용입니다.

미래가 예측이 안 되는 VUCA 시대의 일의 기본을 다룬《사실은 중요한데 아무도 가르쳐주지 않는 VUCA 시대의 일의 기본》[015]입니다.

《시간관리의 정석》을 집어든 당신이라면 시대에 뒤

---

015 本当は大切なのに誰も教えてくれないVUCA時代の仕事のキホン, 고노 에이타로 저, PHP연구소, 2019

처지고 싶지 않다고 생각하면서 앞으로의 업무 방식을 고민했을 것입니다. 그 해결책은 바로 여기에 있습니다. 나의 일에서 생산성을 올리고 미래 사회에서 살아남을 수 있는 힌트를 얻고 싶지 않나요?

저자는 VUCA가 일에 주는 영향 중에 제일 큰 것은 '비즈니스 사이클의 단축'이며 생산성의 향상은 앞으로 더욱 중요해질 것이라고 이야기합니다. 즉, 분자를 늘리는(시간을 고정하고 더 많은 성과를 올리는) 방식이 아니라 분모를 줄이는(성과를 고정하고 더 적은 시간에 달성하는) 방식으로 일하는 것이 중요하며 훨씬 합리적이라는 것입니다.

이 책에서는 구체적인 방법을 소개하고 있습니다만, 제가 실천해서 효과가 있었던 것은 다음과 같습니다.

- 없애고 싶은 일을 적기
- 일을 분해해서 시간 견적을 내기
- 다시 하는 작업을 없애기
- 작은 목표지점을 설정하기
- 궁지에 몰려도 웃음을 잃지 않기
- 자신에게 투자하기

- 가르치는 입장이 되어보기
- 과도한 스트레스에서 벗어나기
- 생각을 공유하면 자연스럽게 동료가 모인다

모두 발상을 조금 달리하면 분모인 투자 시간을 줄일 수 있는 것들입니다. 자신에게 투자하거나 생각을 공유해서 동료가 모이는 일은 성과가 나오기까지 시간이 걸리지만 이런 방식은 아무리 환경이 변해도 도태되지 않고 살아남아서 계속 일할 수 있는 팁이 됩니다.

일본 외무성에 들어가 주임 분석관으로 러시아 외교 최전선에서 활약하였으나 그 후 도쿄지검 특수부에 체포, 유치장 신세를 지다 집행유예 기간이 끝난 현재, 수많은 저서를 출간한 사토 마사루 씨. 그는 조직의 전체주의와 불합리한 방식을 참기만 해서는 살아남을 수 없다고 주장합니다. 그러면서 현대 사회의 생존 전략을 제시하는 책이 바로 《사토 마사루가 직접 전수하는! 최강의 업무 방식》◆[016]입니다.

◆ **016** 佐藤優直伝! 最強の働き方, 사토 마사루 저, 자유국민사, 2019

그는 회사에서 부당한 일을 당해도 쉽게 그만두거나 이직해서는 안 된다고 말합니다. 그리고 정말 참을 수 없이 이직하고 싶은 마음이 들면 다음 말을 곱씹으라고 조언합니다.

- 듣기 싫은 말을 들었다고 해서 회사를 그만두면 안 된다
- 일하기 위해 쉬는 것이다
- 노동이란 것은 인간에게 본래 기쁨이다
- 우리는 신으로부터 받은 적성과 능력을 사용해 사회에 공헌하고 있다

회사에서 부당한 평가를 받거나 불합리한 대우를 받을 때면 감정이 격해져 회사를 그만두고 싶어집니다. 하지만, 그래서는 안 됩니다. 제대로 된 준비와 전략을 세운 다음에 행동으로 옮겨야 합니다. 총 4군데의 회사에서 일하는 동안 저는 모든 회사에서 부당한 일을 당했습니다. 하지만 3번의 이직은 물론, 마지막으로 창업하기 위해 회사를 그만두었을 때도 모두 사토 씨의 조언이 큰 도움이 되었습니다. 그럴 때일수록 더 냉정하게 준비하고 커리어 전략을 생각한 다음에 행동했습니다. 그리고 아무래도 부

당한 취급을 받으면 자존감이 낮아질 수도 있습니다. 하지만 본래 일이란 것은 즐겁고 보람 있는 것이며 사회에 공헌하기 위한 것입니다. 여러분도 힘든 일을 겪게 되면 사토 씨의 조언을 떠올려 보세요.

이 장의 마지막에서는 종합적인 시간관리법을 소개하도록 하겠습니다.

첫 번째는 2001년에 독일에서 발행되어 세계적으로 베스트셀러를 기록한 《간단하게 살아라(시간관리편)》 [017] 입니다. 베르너 티키 퀴스텐마허는 독일 출신의 개신교 목사이며 프리랜서 일러스트레이터 및 저술가로 활동하고 있습니다. 그는 시간에 대한 생각을 근본부터 바꿔야 한다고 말합니다. 모든 일은 단순한 방식으로 하되, 스트레스 없이 행복하고 알찬 인생을 위한 아이디어와 힌트를 소개합니다.

1. 시간을 보는 새로운 관점
2. 시간관리 기술

[017] 베르너 티키 퀴스텐마허 저, 박정미 역, 이지북, 2006

3. 시간과 사이좋게 지내는 기술

4. 스케줄관리의 기술

5. 휴식에서 활력을 얻는 기술

베르너 씨는 시간과 사이좋게 지내야 시간관리를 잘할 수 있다고 말합니다. 시간과 사이좋게 지낸다는 것, 그것은 어떤 의미일까요?

- 아무리 바빠도 몸을 움직이는 시간 갖기

- 시간에 지배받지 않는 공간 만들기

- 모든 일에 대처하려고 하지 말고 우선순위 지키기

- 조용히 생각할 시간을 가지기

- 아침에 갖는 나만의 시간을 소중히 하기

- 목욕하며 명상하기

그리 대단한 것들은 아니지만, 일부러 하지 않으면 깜빡하게 되는 사소한 습관들입니다. 어쩌면 시간과 사이좋게 지낸다는 것은 바쁜 때일수록 나를 챙기는 습관을 놓치지 않는 것 아닐까요? 나를 소중히 여기는 이 중요한 일들을 놓치지 마세요.

두 번째는 종합적인 일의 원칙을 가르쳐주는《세계 최고 인재들의 47가지 성공 법칙을 훔쳐라》(슈 하토리 저, 이현욱 역, 앵글북스, 2017)입니다.

자세한 내용은 이 장의 마지막에 실은 칼럼에서 설명하겠지만 '매뉴얼에는 없는 성공 법칙'을 47가지 원칙으로 정리했습니다. 여기서 소개하는 '47가지 성공 법칙'은 칼럼에서 그 포인트를 좀 더 자세히 살펴보겠습니다.

'모든 일의 기본'에서
가장 추천하는 한 권

칼럼 1

《세계 최고 인재들의
47가지 성공 법칙을 훔쳐라》 018

슈 하토리 저, 이현욱 역, 앵글북스, 2017

슈 하토리 씨는 캐나다 맥길대학교 경영학부를 졸업하고 국비 장학생으로 타이완국립대학교 졸업(경영학 석사 학위 수여) 후, 맥킨지앤드 컴퍼니에서 하이테크 산업, 첨단 기술 및 미디어 분야의 프로젝트들을 이끈 후에 2015년에 독립했습니다. 일본어와 영어를 모국어로 사용하는 한편, 중국어에도 능통한 경영 컨설턴트입니다

2015년 11월에 《The McKINSEY EDGE》를 간행해 화제를 모았으

며 그것을 본인이 직접 번역한 것이 바로 이 책입니다. 그 내용은 세계 최고의 컨설팅 그룹인 맥킨지앤드컴퍼니에서 리더들이 실천하는, '매뉴얼에는 없는 성공 법칙'이 47가지 원칙으로 정리되어 있습니다.

세계 7개국의 비즈니스 현장에서 메모하고 습득한 업무 방식과 더불어 존경하는 직장인 약 20명의 인터뷰를 통해 '일 잘하는 리더들이 습관적으로 하는 매뉴얼에는 없는 암묵적인 지혜'를 47가지 법칙으로 정리해 공개했습니다.

47가지 법칙은 크게 10개의 주제로 나누어져 있는데 첫 3개는 '자기 개선'에 초점을 맞춘 주제입니다.

1. 선수친다
2. 평정심을 유지한다
3. 다면적으로 파악한다

포인트는 간단합니다. 남들보다 먼저 생각할 것, 힘든 시기를 극복할 것, 그리고 미래의 성공을 최대한 끌어낼 수 있도록, 되고 싶은 자신의 모습을 구체적으로 그리는 것입니다.

그 다음으로는 '자기 팀과 그 밖의 이해관계자들에게 영향력을 행사하는 방법'을 3가지 주제로 나누어 해설합니다.

4. 소통을 잘한다

5. 공감한다

6. 팀원을 배려한다

즉, 팀으로서 최대의 성과를 올리고 싶다면 스스로에게 하는 것보다 훨씬 더 많은 노력을 상대방에게 기울여야 한다는 뜻입니다.

나머지 4개의 주제는 다음과 같습니다.

7. 생산성을 극한까지 높인다

8. 지속적인 성장을 실현한다

9. 리더를 돋보이게 하는 탁월한 사고력

10. 메모의 가치를 설명한 마빈 바우어

여기서 말하는 높은 생산성이란 현재의 업무 프로세스를 구조화하고 보완하는 편리한 도구입니다. 게다가 '왜, 어떻게'라는 식으로 자기 자신에게 질문을 던지고 더 깊이 생각하기 위해 그 내용을 종이에 적을 것을 추천합니다.

맥킨지앤드컴퍼니의 설립자 마빈 바우어는 경영 컨설팅의 조상이라고 불리는 전설적인 경영자로, '메모를 잘하면 생각을 다듬어 본질을 끌어낼 수 있다'라고 말하며 메모의 가치를 강조한 인물입니다.

'47가지 법칙' 중에서 특히 제가 실천해보고 효과를 실감한 것은 다음과 같습니다.

1. 힘든 일은 오전 중에 끝낼 것

2. 아웃풋을 상상할 것

3. 초반에 전력을 쏟을 것

4. 스트레스를 받을수록 웃을 것

5. 목표는 야심차게, 행동은 계획적으로

6. 말을 하기보다 잘 들어줄 것

7. 상대와 이야기 나눌 수 있는 공통 화제를 찾을 것

8. To do 리스트를 4개로 분류할 것

9. 새로운 인생에 대한 마음가짐을 가질 것

마지막으로 각 장의 서두에 실려 있는 것 중에서 저자가 좌우명으로 소중히 여기고 있는 말의 일부를 기록해 두겠습니다. 항상 마음에 새겨두고 지내기를 바랍니다.

길을 알고 있는 것과 실제로 그 길을 걷는 것은 다르다.
— 영화 '매트릭스' 중

생산성이란 결코 우연한 산물이 아니다. 늘 전력을 다해 최대치를 노리고 면밀한 계획을 세워 집중해서 노력해야 얻을 수 있는 노력의 산물이다.
— 폴 J. 마이어

2장 삶과 균형

Work-Life Balance

워크-라이프
밸런스

○ #시간배분 #우선순위 #버리기 #자기시간
#디지털 #DX #AI 업무기술

나는 시간을
어떻게 보내는가?

1장에서는 일의 속도를 올려 효율적으로 성과를 내는 법, 그것을 위한 업무 관리 및 생산성 향상을 이야기했습니다. 2장에서는 조금 더 구체적으로 하루 24시간을 어떻게 균형있게 사용할지에 대한 것 즉, 시간 분배, 우선순위, 무엇을 버리고 어떻게 자기 시간을 확보할지, 단기적인 시간관리를 고찰하고자 합니다.

　　1장에서는 준비 작업, 순서, 사고방식 등 시대를 넘어 통용되는 시간관리의 정석을 언급했다면 이번 장에서는 정보량이 급증하는 사회에서 요구되는 '시대 변화에 맞게 내 시간을 확보하는 법'을 알아보겠습니다.

주로 AI를 비롯한 디지털 기술, DX 등 기술 혁신의 성과 활용법에 초점을 맞추었습니다.

1일 24시간은 누구에게든 평등하게 주어지는 시간이지만, 그것을 어떻게 균형있게 사용하고 분배하는지가 중요하죠. 《하루 24시간 어떻게 살 것인가》[019]의 결론은 '시간을 정복하는 자가 인생을 정복한다!'입니다. 그리고 그 열쇠를 쥐고 있는 것은 시간의 균형 잡힌 하루를 보내는 나입니다.

24시간을 어떻게 살 것인지에 대한 구체적인 힌트를 소개합니다. 그중 제가 늘 마음에 새겨두며 실천하면서 효과를 실감한 조언은 다음과 같습니다.

- 아침의 1시간은 저녁의 2시간 이상의 가치가 있다
- 당신에게는 수많은 공백의 시간이 주어진다
- 인생의 모든 것은 시간의 이용 방식에 달려 있다
- 처음부터 큰 변화를 추구해서는 안 된다
- 무의식이 만들어내는 아까운 시간

[019]   아놀드 베넷 저, 이미숙 역, 더모던, 2023

- 출퇴근 시간은 아무에게도 방해받지 않는 시간
- 주 3회, 저녁 90분이 당신의 마음을 풍요롭게 한다
- 생각에 집중할 시간을 갖는다
- 독서는 인생에 큰 이자를 남긴다
- 지갑에는 깨끗한 24시간이 가득 담겨 있다

이 조언의 영향으로 저는 아침 4시에 기상해서 아침 식사를 하기 전까지는 창의적인 일을 하려고 노력합니다. 아침 시간에는 놀라울 정도로 효율이 올라가더군요.

위의 조언 중 하나처럼 회사를 다닐 때, 출퇴근 시간을 매일 비즈니스 서를 읽는 데 썼습니다. 그래서 그런지 출퇴근 시간이 힘들거나 지루하지 않았고 오히려 기다려지는 때도 있었습니다.

우리는 무의식중에 많은 시간을 소비합니다. 그리고 그 시간이 아깝다는 것도 느끼고 있습니다. 특히 스마트폰으로 의미 없는 영상을 시청하거나 게임에 빠지는 경우도 허다합니다. 그렇게 되지 않도록 생각을 집중하는 시간을 갖는 것이 중요하겠죠. 내가 보낸 하루의 시간 사용법을 반성할 수 있는 것 또한 큰 변화입니다.

제 마음에 가장 큰 울림을 준 것은 마지막 두 가지, '독서는 인생에 큰 이자를 남긴다'와 '지갑에는 깨끗한 24시간이 가득 담겨 있다'입니다. 전자는 비즈니스서 다독가인 저를 크게 위로해주었습니다. 후자는 내게 주어진 24시간 사용법이 인생을 좌우할 만큼 중요하며 그것은 늘 우리의 선택에 달려 있다는 것을 잊지 않게 합니다.

인기 블로거 치키린 씨가 일보다 나 자신을 우선하며 사는 방법을 알려주는《내 시간을 찾자》📖[020]입니다.

치키린 씨는 자신의 경험을 토대로 ①잦은 야근으로 한계가 온 관리직, ②가정과 일의 양립을 힘들어하는 엄마, ③일을 너무 많이 하는 프리랜서, ④회사의 성장이 멈춘 창업가, 이 4명이 일하는 방식을 사례로 들면서 이들의 공통점인 바쁨의 본질을 분석하고 그 대처법을 나누고 있습니다.

'치키린이 제안하는 내 시간을 찾는 구체적인 방법'은 다음 다섯 가지입니다. 이 다섯 가지는 저도 모두 실천하고 있습니다.

📖 **020**   自分の時間を取り戻そう, 치키린 저, 다이아몬드사, 2016

1. 하루의 총 노동 시간을 제한한다

2. 업무별 투자 시간을 정한다

3. 바빠지기 전에 휴가 계획을 세운다

4. 여유 시간을 많이 확보해둔다

5. 업무 관련이 아닌 일정도 스케줄 표에 적는다

그는 다음 네 가지 순서를 제시하며 사람들에게 당장 변화할 수 있는 힘을 실어줍니다.

1. 모든 것을 다 할 필요는 없다

2. 일단 그만둔다

3. 마지막까지 열심히 할 장소를 정한다

4. 시간 가계부를 작성한다

특히 마지막 4번은 시간 사용법을 가시화해주기 때문에 자기 시간을 확보하기에 소중한 첫걸음이 됩니다.

시간관리,
선택과 집중

치키린 씨가 종종 인용하기도 하는 리츠메이칸아시아태평양대학교(APU) 전 학장, 데구치 하루아키 씨의《버리는 사고법》[021]도 제게 많은 힌트를 주었습니다.

데구치 씨는 주로 트레이드 오프(Trade off)에 대해 이야기합니다. 세상의 모든 일은 한 가지를 얻으려면 반드시 다른 한 가지를 희생해야 하는 균형이 존재하는 법이라는 뜻인데요. 그는 인생에서도, 비즈니스에서도 무언가를 얻으려면 무언가를 버려야 한다고 말하며 버리기의 중요성을 구체적인 예와 함께 다룹니다.

---

021 「捨てる」思考法, 데구치 하루아키 저, 매일신문출판, 2022

제가 특히 참고하면서 실천하고 있는 조언은 다음과 같습니다.

- 트레이드 오프란 우선순위를 구별하는 것
- 리더는 그릇을 비워라
- 고집을 버리면 일은 잘되기 마련이다
- 인생도 여행처럼 몸이 가벼워야 움직이기 쉽다
- 가로(다른 나라), 세로(다른 시대), 숫자(수치화된 정보) 사고법
- 장시간 노동을 버리면 혁신에 속도가 붙는다
- 정년제를 버리면 고령자는 건강해질 수 있다
- 책을 많이 읽고, 넓은 세계를 여행하고, 사람을 많이 만나라
- 서점에서 전 세계를 여행하는 즐거움을 찾자

특히 마지막 3개는 정년퇴직 후 1인 기업을 세우고, 평생 현역으로 일하는 라이프 스타일을 꿈꾸는 제 모습과 같아서 크게 공감이 되었습니다. 저자는 다양한 인사이트를 통해 '책, 여행, 사람'이 인생에서 가장 중요하다는 것을 소개합니다.

버리는 것과 얻는 것의 중요성을 말하는 명저는 또

있습니다. 바로 《포컬 포인트》[022]입니다. '포컬 포인트 (초점)', 즉 중요한 포인트를 선별하는 것은 현대 사회에서 성공과 행복 실현을 위한 가장 중요한 원칙이며, 이 원칙 은 삶의 균형을 좌우한다는 것입니다.

미국의 매우 저명한 강연가이며 비즈니스 컨설팅의 권위자이기도 한 브라이언 트레이시가 풍부한 비즈니스 경험을 바탕으로 도출해 낸 원칙은 매우 설득력이 있어 수많은 사람에게 영감을 주고 있습니다.

브라이언 씨는 포컬 포인트를 바탕으로 한 다음과 같 은 노하우를 설명합니다.

- 좋은 습관은 운명을 컨트롤한다
- 절반의 노동 시간으로 성과를 올려 생산성을 높이자
- 가능성의 원천인 '내 생각'을 컨트롤하는 것
- 인생을 전략적으로 설계하는 것
- 경제적으로 자립하는 것
- 일과 사생활의 균형을 맞추는 것
- 건강한 몸을 만들기 위한 것

[022]   Focal Point, 브라이언 트레이시 저, AMACOM, 2004

이와 함께 '인생의 질을 높이는 네 가지 방법'으로 다음을 추천합니다.

1. 중요한 일을 늘려라

2. 중요하지 않은 일을 줄여라

3. 새로운 일을 시작해라

4. 완전히 그만해라

그야말로 늘리고 줄이고 새로 시작하고 그만둔다는 그의 말은 시간관리는 선택과 집중을 통해 균형을 찾아야 한다는 뜻입니다.

시간을 잘 쓰면
스트레스가 사라진다

균형의 중요성을 소개하고 컨설턴트 양성에 힘써온 워크라이프밸런스 대표이사 코무로 요시에 씨의《플레잉 매니저 : '야근 제로' 업무 기술》[023]에서는 나은 업무 방식을 위해 어떤 것을 실천했는지 구체적 예시를 들어 소개하고 있습니다.

먼저 다음 다섯 가지 단계로 팀원의 힘을 끌어내 건전한 팀워크를 주도합니다.

1. 개인의 시간관리법을 가시화한다

---

[023]　プレイングマネジャー「残業ゼロ」の仕事術, 고무로 요시에 저, 다이아몬드사, 2018

2. 팀원 관리에 중점을 둔 시간관리법을 실현한다

3. 팀원과의 관계의 질을 높인다

4. 우리 팀의 시간관리법을 가시화한다

5. 생산성을 높이는 대책을 함께 이야기하고 실행한다

그리고 단계별로 '너무 노력하지 말 것', '관리는 80%, 실무는 20%', '보고 듣고 갖는 것이 기본' 등 관리자의 구체적 업무 방식을 설명합니다.

《맥킨지에서 당연하게 하고 있는 업무 방식 디자인》📖024은 일명 '워라밸(워크-라이프 밸런스)'에 이어 '워크 애즈 라이프(Work as Life)'를 제창하고 있습니다. '워크 애즈 라이프'란 일이 곧 인생이라는 의미로, 맥킨지앤드컴퍼니의 모든 직원이 추구하는 업무 방식입니다.

말하자면 내가 좋아하는 일에 중점을 두고 마음껏 일하면서 얻고 싶은 성과를 손에 넣을 수 있는, 스트레스 없이 일하는 방식입니다.

📖 024 マッキンゼーで当たり前にやっている働き方デザイン, 오시마 사치요 저, 일본 능률협회 매니지먼트센터, 2018

실현이 어려워 보이지만, 이를 실현하기 위한 업무 방식 3단계가 있습니다.

1. 일하는 방식 1.0 (조직) : 조직 안에서 나를 높이기, 시간 기반 업무, 일은 '나를 갈고닦는 수단'
2. 일하는 방식 2.0 (자립) : 자신 있는 분야를 깊이 파기, 확대, 성과 기반 업무, 일은 '자아실현, 자기 표현의 수단'
3. 일하는 방식 3.0 (공존) : 다른 사람과 나누기, 연결하기, 진화 및 공헌 기반 업무, 일은 '좋아하는 것을 추구하는 것'

구체적으로는 먼저 자신의 업무 방식을 결정하는 4개의 질문을 스스로 하는 것입니다.

- 나의 강점, 스킬, 자신 있는 것은 무엇인가?
- 나는 어떤 가치를 제공할 수 있는가?
- 나는 어떤 성장을 해나가고 싶은가?
- 나는 어떤 보상을 얻고 싶은가?

이들의 상세한 노하우와 방식 중에 제가 효과적이라고 느낀 것은 다음 다섯 가지입니다.

- 투잡을 검토하면서 자신의 가능성을 넓히기

- 행복 지수를 중심으로 일하기

- 하기 싫은 일을 명확히 하기

- 타인과 차별화할 수 있는 기술을 갈고닦아 가치를 제공하기

- 전략적 곱셈으로 차별화를 주어 블루 오션에서 싸우기

특히 마지막 두 가지는 제가 '1인 기업'을 창업할 때 특별히 실천했던 포인트입니다. 저자인 오시마 씨 자신은 ①전략 사고와 ②인재 개발 컨설팅에 ③명상(취미)을 곱해서 차별 전략을 세웠더니 일이 크게 늘었다고 합니다.

저는 ①비즈니스서 많이 읽기 ②은행원으로서의 재무 능력 ③다채로운 소통 채널, 이렇게 세 가지를 곱해서 세상에 유일한 사람이 되는 것을 목표로 했습니다.

이 세 가지 전문성을 조합해 이 세상의 유일한 존재가 되는 방법에 관해서는 4장에서 상세히 소개하겠습니다.

하루가 24시간보다 조금만 많아져도 일하기가 편해질거라 생각하나요?《당신의 하루는 27시간이 된다 : 나만의 3시간을 만드는 인생과 업무의 초정리법》📖 025은 24시간을 27시간으로 만들어 버리는 업무 방식을 소개합니다.

야근이 잦아 막차를 타고 퇴근할 때가 더 많을 정도로 과중한 업무 때문에 몸도 마음도 지칠 대로 지쳤던 기무라 씨는 일만 하는 인생을 바꾸고 싶다고 생각했습니다. 그는 일을 효율적으로 빨리 하는 방법으로 야근을 없앴을 뿐 아니라 연 수입까지 증가했습니다.

중요 포인트는 부제에도 나와 있듯이 '나만의 3시간'을 만들기 위한 인생 및 업무를 정리하는 기술입니다. 그의 인생을 바꾼 '4주 프로그램'을 다음과 같이 소개하고 있습니다.

- 1주 : 하루의 리듬을 정돈한다
- 2주 : 일의 정체를 없앤다
- 3주 : 일의 환경을 효율화한다
- 4주 : 일의 속도를 높인다

첫 주에는 하루를 어떻게 보내는지 돌아보고 야근하면서까지 일을 마치겠다는 마인드를 버립니다.

📖 **025**　あなたの1日は27時間になる。「自分だけの3時間」を作る人生・仕事の超整理法, 기무라 사토코 저, 다이아몬드사, 2015

　　　　　　　　　　　　　시간관리의 정석

둘째 주에는 업무 준비 작업을 철저히 하면서 일을 쌓아놓지 않고 효율적으로 흘러가게 하는 방법을 생각합니다.

셋째 주에는 일하는 환경을 효율적으로 만들어 물건 찾는 시간을 0으로 만듭니다.

그리고 넷째 주에 일의 속도를 높입니다. 1초라도 빨리 손을 움직이도록 노력하는 것입니다.

이것이 바로 어렵지 않게 습관으로 인생을 바꾸는 '4주 프로그램'입니다. 기무라 씨는 가장 무서운 것이 야근 및 장시간 일하는 습관이며 그것을 당연하게 여기는 사고방식이라고 말합니다. 해도 해도 일이 끝나지 않고, 늘 일에 쫓기는 최대 요인 즉, '일의 정체'를 해소하는 것이 포인트입니다.

다음은 기무라 씨 본인의 실제 하루 스케줄 표입니다.

아침 4시에 기상, 7시에 업무 시작

15시에는 업무 종료

15시부터 18시까지는 나를 위한 3시간

(자기계발을 위한 공부, 휴식 등)

18시 30분 저녁 식사

20시 30분 목욕

22시에는 취침

    기상과 취침 시간은 저와 같습니다만, 저는 '나를 위한 3시간 투자(스킬업을 위한 공부, 나를 위한 투자, 생각하기 등)'을 이른 아침에 하고 있으므로 그것만 시간대가 다릅니다.

    여러분도 자신의 개성에 맞게 '나만의 3시간'을 확보할 수 있도록 하루를 설계해보는 건 어떨까요?

기술 혁신을
내 편으로 만들기

비즈니스 모델을 혁신적으로 변화시키는 키워드로 DX(Digital Transformation)가 다양한 업계에서 주목받고 있습니다. 다시 말해, 쉽게 해석할 수 있는 편리한 IT 툴을 도입해 업무 방식을 지속적으로 개선해 나가는 것이 DX화입니다. 《초DX 업무술》[026]은 개인이 DX를 활용해 높은 성과를 내는 방법을 'DX 업무술'로 정의하고 '개인을 위한 DX 기술'을 소개합니다.

저자인 소마 씨는 IT 경력 25년, 총 3만 명 이상의 IT 상담 경험과 약 1,000억 원 이상의 시스템 도입에 참여했으며 현재는 일본경제산업성이 인증한 IT 도입 지원 사업

---

[026] 超DX仕事術, 소마 마사노부 저, 선마크출판, 2022

자로서 50개 이상의 IT 툴을 다루고 있는 사업가입니다.

이런 경험을 바탕으로 그는 DX 업무술에서 다음과 같은 3개의 제한을 없애야 한다고 주장합니다.

1. 장소 : 어디서든 사용할 수 있다

2. 디바이스 : 누구나 사용할 수 있다

3. 시간 : 언제든지 사용할 수 있다

또한 DX 난민이 되지 않기 위한 세 가지 방법으로 ①자신 없는 일은 다른 사람에게 맡기기 ②작은 성공 체험 쌓기 ③성공 사례를 참고로 나만의 방식을 찾기를 제시합니다.

소마 씨가 말하는 DX 업무술의 단계는 다음 세 가지입니다.

1. 언제든 어디서든 일을 할 수 있다

2. 데이터 활용으로 실수 없이 확실한 일을 실현한다

3. 생산성이 높아진다

다음 순서로 DX 업무술의 단계를 하나씩 밟아 나가면 됩니다.

- 단계 1은 모든 것의 시작이며, 데이터 입력으로 소통, 효율화, 정보 수집을 끌어올리는 단계
- 단계 2는 데이터 활용을 통해 실수를 없애고 시간도 단축해서 최강의 업무 환경을 구축하는 단계
- 단계 3은 자유롭게 쓸 수 있는 시간(가처분 시간)을 2배로 만들고 자동화가 가능한 데이터를 활용해 부가가치를 만드는 단계

이 외에도 저자가 사용하는 툴도 소개하고 있습니다. 저도 많은 도움을 받고 있는 것으로 주요 툴은 다음과 같습니다.

- 가장 좋은 메일은 Gmail
- '언제 어디서든'을 실현하는 Chat
- 풍부한 확장 기능 Chrome
- 가볍고 간편하고 사용하기 편한 삼박자를 갖춘 Zoom
- 한 팀이 쓰기 좋은 Teams, 일정 조정은 Google 캘린더
- 균형이 잡혀 있어 사용하기 편한 Dropbox

- 온라인 폼의 최강자 Google 폼

- 언제 어디서든 Office는 Microsoft 365

수많은 IT 관련 컨설팅을 해온 소마 씨의 경험을 바탕으로 소개되어 알기 쉽고, 어렵지 않게 DX의 본질을 배울 수 있어 여러분에게 추천합니다.

도쿄대학교 이학부 수학과, 경제학부 경제학과 졸업, 박사 학위 취득 후 1980년 재무성에 들어가 내각부 참사관 등을 역임한 다카하시 요이치 씨의《다카하시식 디지털 업무 기술》◆027에는 디지털 기술을 활용한 시간관리법이 잘 드러납니다.

다카하시 씨의 이과적 성향을 부각시켜 그가 디지털 기기(가제트)를 사용해 어떤 식으로 일을 해왔는지 알기 쉽게 소개하고 AI 시대의 디지털 업무술을 제시합니다. 그가 직접 실천하고 있는 디지털 업무 기술의 포인트는 다음과 같습니다.

◆ 027　高橋洋一式デジタル仕事術, 다카하시 요이치 저, 카야쇼보, 2021

- YouTube 콘텐츠는 스스로 생각할 것
- 스마트폰으로 하는 온라인 회의가 가장 편하다
- 스케줄 관리는 Google 캘린더로
- 도표는 2시간, 내용은 1시간 만에 쓸 것(도표부터 먼저 만들 것)
- 정보 수집은 관공서, 국제기관의 통계 정보를 참고할 것
- 서류는 모두 디지털화해서 검색할 수 있게 할 것
- 관계성을 조사하기 위해 그래프로 확인할 것
- 표를 만들 때의 포인트는 과하거나 부족하지 않게 나누는 것
- 경영자도 프로그램 이해가 필수인 시대

복잡한 과정을 알기 쉽게 수식으로 정리해서 설명해 주는 그의 YouTube 영상을 참고하는 것도 좋습니다.

80대의 경제전문가이자 와세다대학교 파이낸스연구소 고문인 노구치 유키오의《초 창조법 : 생성 AI로 지적 활동은 어떻게 변하는가?》[028]는 생성형 AI의 등장으로 단순 지적 작업의 효율을 높일 수 있는 사례를 소개합니다.

저자는 반세기에 걸쳐 자신만의 아이디어 창조법을 축적해 오면서 생성형 AI를 도입하고 실험을 통해 더 효

과적인 사용법을 발견했다고 합니다. 이를 바탕으로 생성형 AI라는 우수한 조수를 이용한, 더 업그레이드된 아이디어 창조법을 소개하고 있습니다.

- 음성 입력 + Chat GPT로 문장력 키우기
- 문장을 쓰는 것이 즐거워지는 '키워드 문장법'
- AI의 교정 능력 및 AI와의 잡담은 경이로운 수준
- 지루한 작업일지라도 AI는 5분 만에 처리할 수 있다
- 긴 외국어 자료를 순식간에 읽을 수 있다

이 책은 지적 생산성을 올리는 것이 목적이지만 모든 것을 실천하기에는 아직 어려울 수 있습니다. 하지만 미래 기술 혁신의 방향성을 확실하게 제시하고 있으며 앞으로는 평범한 사람이 당연하게 AI를 활용하는 시대가 온다는 것을 우리에게 알려줍니다.

028 「超」創造法 生成AIで知的活動はどう変わる?, 노구치 유키오 저, 환동사, 2023

누구에게나 통하는
시간관리의 정석

이 밖에도 수많은 시간관리법에 관한 이야기가 있습니다. 여기서는 마지막으로 누구나 참고하기 좋은 시간관리의 정석에 대해 소개할까 합니다.

26만 유튜브 채널 '핵대학(ハック大学)'을 운영하는 핵대학 페소 씨가 '일 잘하는' 방법을 소개합니다. 그의 노하우를 담은《행동이 결과를 바꾸는 핵대학식 최강의 업무 기술》[029]은 특히 도표를 이용해 알기 쉽게 해설하기 때문에 누구나 활용하기 쉽습니다.

---

[029]　行動が結果を変えるハック大学式 最強の仕事術, 핵대학 페소 저, 소시무, 2020

그가 구체적으로 알려주는 업무 기술, 커리어 전략 등 비즈니스 관련 정보와 업무 방식 중에 제가 실천해서 효과적이었던 것을 소개하겠습니다.

- 아웃풋을 전제로 한 인풋은 ①원리원칙을 이해하고 ②요점을 이해할 수 있으며 ③배움의 결과를 불러온다
- 추상화하면 보편적인 정보로 변환이 가능하다
- 인풋한 내용을 요약하고 가설을 담아 아웃풋하면 부가가치가 탄생한다

저는 평소에 비즈니스서를 읽고 그 요점을 블로그에 업로드해왔습니다. 이것이 바로 페소 씨가 이야기하는 중요 포인트 그 자체라고 할 수 있습니다. 이 밖에도 다음과 같은 포인트를 소개하고 있습니다.

- MECE와 로직 트리는 즉흥적인 생각이 아니다
- '옵션 사고' 인수분해로 정체된 곳을 찾을 수 있고 목표 설정이 명확해진다
- '가설 사고'로 일의 속도를 올린다
- '숫자 사고'로 페르미 추정을 할 수 있다

시간관리의 정석

- 일단 부딪혀보는 행동의 수가 많으면 많을수록 사고의 양과 질
  이 올라간다

MECE란 Mutually Exclusive Collectively Exhaustive의 약자로, 겹치지 않게 빠짐없이 나눈 원칙을 말합니다. 이것을 사용해 논리를 전개하는 툴이 로직 트리입니다. 페르미 추정은 실제로 조사하기 어려운 데이터를 이용해 논리적으로 추론해서 대략 계산하는 기법을 말합니다. 모두 논리적 사고에 필수적인 기술입니다.

이 밖에도 상당히 많은 방식을 소개하고 있어서 마치 뷔페에서 원하는 음식을 고르듯 어디서부터 읽고 어디에서 끊든, 관심사에 따라 골라서 읽을 수 있으니, 스스로 활용해 보세요.

5분 회의를 주장하며 수많은 컨설팅 실적을 자랑하는 오키모토 루리코 씨는 화술을 발전시키면 인간관계는 물론 업무 성과에까지 좋은 영향을 미치고, 마침내 좋은 평가와 높은 보수를 받을 수 있다고 말합니다. 그의《그래서 무슨 말이 하고 싶은 건데? 라는 말을 듣지 않는, 평생

써먹을 수 있는 '1분 전달' 기술》[030]은 비즈니스별로 다양한 방식이 다수 소개되어 있습니다만, 그중에서도 제가 무릎을 탁! 친 내용은 다음과 같습니다.

- 틀을 사용하면 듣는 이가 알기 쉽게 이야기할 수 있다
- 첫 문장에 승부를 건다
- 선택지는 3개가 좋다
- 상대의 장점을 강조하며 말한다
- 원하는 바는 말로 표현한다

특히 공감하는 포인트는 첫 문장에 승부를 건다는 것과 바라는 바를 말로 표현한다는 것입니다. 말을 전달하는 힘을 키우면 소통의 힘도 커진다는 것을 잊지 않아야 합니다.

《메이크 타임》[031]의 저자 두 사람은 각각 Google과

---

030 「結局、何が言いたいの?」と言われない一生使える「一分で伝わる」技術, 오키모토 루리코 저, 야마토출판, 2023

031 제이크 냅, 존 제라츠키 공저, 박우영 역, 김영사, 2019

YouTube에서 1분 1초라도 더 사람들의 시선을 붙잡아둘
수 있는 구조를 소개합니다. 이 책은 인간 심리의 메커니
즘을 속속들이 아는, 구글을 이끌었던 두 사람이 새롭고
효과적인 시간관리법을 알려줍니다.

그들이 제시하는 다양하고 구체적인 시간관리법 중
에서 특히나 인상에 남아 실천하고 싶어진 방법은 다음과
같습니다.

- 우선순위를 명확히 하기
- 아침형 인간이 되기
- 메일 타임을 정하기
- 뉴스 보지 않기
- 심호흡을 의식하기
- 카페인의 통금시간(14시)을 정하기
- 틈만 나면 잠깐이라도 눈 붙이기

마지막으로 제가 소개하는 100가지의 인사이트 중
제게 가장 큰 용기를 준 내용입니다. '일단 움직여라, 실
패하더라도 다시 수정하면 성공으로 이르게 된다'는 메시

지를 담고 있는 《결과를 내는 사람은 수정력이 대단해》📖
[032]입니다.

일이란 것은 잘될 때보다 잘되지 않을 때가 압도적으로 더 많은 법입니다. 좋은 결과를 내는 사람은 실패를 수정하는 능력이 뛰어나며 일의 결과는 결국 이 '수정하는 능력'에 비례한다고 설명합니다.

오니시 씨는 자기 경험과 기업 연수에서 목격한 실제 예시를 풍부하게 다루면서 수정력을 높이는 비결 37가지를 소개하고 있습니다. 그중에서도 특히 참고될 만한 비결로 다음 10개를 소개합니다.

- 수정하는 능력을 발휘하는 비결은 ①기본을 재검토하기 ②작게 바꾸기 ③할 수 있는 일을 하기
- 심플하게, 집중해서, 높은 스피드로!
- 정리, 정돈, 청소, 청결, 훈육
- 열의를 가지고 듣기 : '말하기'보다 '듣는 힘'

📖 **032** 結果を出す人は修正力がすごい, 오니시 미츠루 저, 미카사쇼보, 2019

- 달리면서 생각해라!

- 역경에 필요한 것은 유머

- 작은 목표를 여러 번 이루면 큰 성과가 된다

- '하면 된다'의 자기 암시는 성과로 이어진다

- '할 수 있는 일'을 갈고닦으면 머지않아 '강점'이 된다

- 분노도 불안도 '호흡'으로 수정할 수 있고 마침내 호흡을 제압
  하는 자가 승리한다

그 밖에도 '스트레스를 내 편으로 만들면 힘이 된다' '적극적 휴양(Active rest)' 등 실천하기 좋고 도움이 되는 사고방식과 원칙이 많이 실려 있으니 꼭 한 번 살펴보길 바랍니다.

'삶과 균형'에서
가장 추천하는 한 권

칼럼 2

《계속하게 만드는 하루 관리 습관》[033]

케빈 크루즈 저, 김태훈 역, 프롬북스, 2017

뉴욕 타임스 베스트셀러 작가, 포브스 칼럼니스트, 기조 강연자이자 여러 기업의 창업자인 케빈 크루즈가 7명의 억만장자, 13명의 올림픽 선수, 29명의 성적 우수 학생, 그리고 239명의 창업가 등 총 288명을 취재해서 알아낸 시간관리와 생산성 향상에 관한 15가지 비결을 정리하고 소개합니다.

하루는 누구에게나 같은 시간, 1,440분이 주어집니다. 저자는 이

사실에 주목해 성공한 사람들을 조사해서 알게 된 '시간관리의 비결 15가지'입니다.

1. 시간은 가장 귀중하며 가장 희소한 자원이다
2. 가장 중요한 업무(MIT, Most important Task)를 정하고 매일 그것부터 한다
3. To Do 리스트가 아니라 스케줄 표를 보고 움직인다
4. 미루는 습관을 극복하고 싶다면 미래의 자신을 이길 수 있는 방법을 찾을 것
5. 해야 할 일, 할 수 있는 일은 늘 산더미만큼 있으니 이 사실을 받아들여라
6. 늘 노트를 들고 다닐 것
7. 메일 수신함을 제대로 관리해라
8. 회의는 계획하는 것도, 출석하는 것도 다른 소통 수단이 잘되지 않는 경우에 쓰는 마지막 수단이다
9. 목표 달성에 도움이 되지 않는 요청은 모두 거절한다
10. 성과 80%는 20%의 활동에서 생긴다
11. 나의 강점과 열정을 살리는 일에 집중적으로 시간을 쏟는다
12. 같은 테마의 일을 하나로 묶어서 매주 같은 요일에 실행한다
13. 5분 이내로 끝나는 업무는 바로 한다(한 번만 건드리는 규칙)
14. 매일, 첫 60분을 투자해 마음과 몸과 정신을 단련한다
15. 생산성이란 시간의 문제가 아니라 에너지와 집중력의 문제다

또한 '시간관리'와 '생산성 향상'의 비결을 실행하기 쉬운 방식으로 정리한 'E-3C방식'이 있습니다. E는 에너지(Energy), 3개의 C는 각각 기록(Capture), 스케줄표(Calender), 집중(Concentrate)를 나타냅니다. 이를 바탕으로 활용할 수 있는 다음과 같은 구체적인 방법이 있습니다.

- 식사는 반드시 몇 끼씩 한 번에 만들어 놓는다
- 휴대폰의 카메라 기능을 사용해 뇌의 부담을 덜어준다
- 핸드폰 소리를 무음으로 해놓고 알림을 모두 끈다
- 아침 식사로 건강한 프로틴 셰이크를 마신다
- TV는 절대로 본 방송을 보지 않는다
- TV에 의존하지 않는다
- 운전 시간을 활용한다
- 전화를 걸 때는 반드시 사전에 약속을 잡는다
- 바쁜 시간대에 세상과 어울리는 일은 최대한 자제한다
- 디스플레이를 두 대 사용한다
- 하지 않는 일 리스트를 만든다
- 종료 시간을 모두에게 환기시킨다
- 생산적인 사람들과 만난다
- '혼자 있게 해줘'라고 주변에 말한다
- 생일 카드는 한꺼번에 산다
- 청구서 지불은 자동이체한다
- 모르는 번호로 오는 전화는 받지 않는다

- 일 관련 코치, 멘토, 마스터 마인드 그룹을 찾는다
- 콘텐츠는 여러 채널에 올린다
- 완벽을 목표로 하지 말고 먼저 끝내는 것부터 명심한다

이 책의 부록에 실린 '시간관리의 명언 베스트 110'은 그야말로 시간관리의 바이블이라고 할 수 있습니다. 그중에서 제가 특히 평소에도 마음에 새겨두고 있는 명언을 소개하고자 합니다.

> 시간을 잘 관리할 수 있게 되면 지금 하는 말을 실감할 수 있을 것이다. 사람은 1년 동안 할 수 있는 일을 과대평가하고 10년 동안 할 수 있는 일을 과소평가한다.
> ─ 앤소니 라빈스

> 시간을 관리할 수 있게 되어야 무슨 일이든 관리할 수 있다.
> ─ 피터 드러커

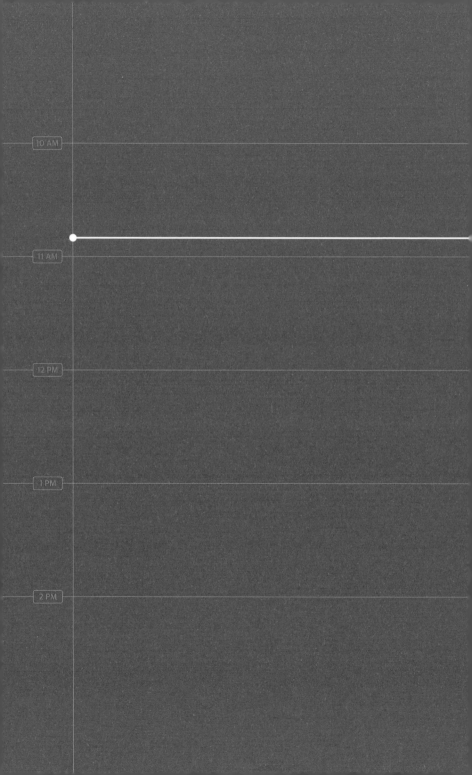

3장 마인드셋

Mindset

성장의 시작

○ #동기부여 #행동력 #바로 하기 #사고력 #습관

'하면 된다'라고 생각하면
인생이 바뀐다

3장과 4장은 중기적 관점에서 행동을 습관으로 만들고 커리어를 형성하는 법, 이를 위해 효율적으로 시간을 관리하는 방법에 대해 이야기합니다. 여기서는 직장인에게 도움이 될 명저의 요점을 중심으로 살펴보려 합니다. 이번 3장의 키워드는 동기부여, 행동력, 사고력 그리고 습관입니다.

3장은 커리어 형성의 출발점, 커리어 기반 만들기의 전반부, 이어 4장이 그 기반을 바탕으로 성과를 내는 후반부입니다. 여기에는 전문성, 희소성, 강점에 의한 차별화, 언어화가 해당됩니다.

예일대학교에서 심리학 박사를 취득한 후 콜롬비아대학, 하버드대학교에서 교편을 잡고 현재는 스탠포드대학교 심리학 교수인 캐롤 드웩의 《마인드셋》[034]은 성장할 수 있다는 믿음이 인생을 크게 좌우한다는 내용으로, 마이크로소프트의 빌 게이츠도 언급한 바 있습니다.

인간의 능력은 유연한 마인드셋인지 경직된 마인드셋인지에 따라 달라집니다. 유연한 마인드셋은 학습 및 경험에 따라 늘어나는 것이라고 생각하는 반면, 경직된 마인드셋은 석판에 새겨진 것처럼 변하지 않는 것으로 이 차이에 인생이 크게 달라진다고 합니다.

유연한 마인드셋을 가진 사람은 다음과 같은 특징을 갖습니다.

- 자신을 향상시키는 일에 관심을 기울인다
- 잠재 능력을 꽃피우기 위해서는 시간이 걸린다는 사실을 알고 있다
- 능력을 칭찬하는 것이 아니라 노력한 일을 칭찬한다

📖 034   캐롤 드웩 저, 김준수 역, 스몰빅라이프, 2023

- 결점은 고칠 수 있다고 생각하고 상대를 용서한다

- 유연한 마인드셋을 가진 사람은 언제든 좋게 변할 수 있다는 신념이 있다

- 행복의 열쇠는 신념, 불행의 열쇠도 신념이다

- 실패를 통해 무엇을 배울 수 있는지 생각하고 얻은 교훈을 다음에 어떻게 사용할 것인지 생각한다

- 나 자신도 배우면서 배우는 사람을 응원한다

신념의 힘은 인생을 바꿀 수 있습니다. 동시에 마인드셋은 동기부여와 행동으로 이어지는 시간관리법의 열쇠가 된다는 것을 잊지 마세요.

즉시 실행하는 사람은
무엇이든 해낸다

《10초 행동력》📕⁰³⁵은 즉시 실행하지 않아서 기회를 놓쳐 버리는 사람에게 강력추천합니다. '10초 안에 행동할 수 있게 하는 방법'으로 기분과 관점을 바꾸는 것을 소개합니다.

먼저 '기분을 전환하는 다섯 가지 원리'를 이해하는 것이 중요합니다.

1. 기분은 내가 선택할 수 있다

2. 기분 전환은 '감정 표현의 세 가지 요소(표정, 동작, 말)'로 한다

3. 떠올리기만 해도 기분은 변한다

035   후지요시 다쓰조 저, 김영희 역, 도서출판 위, 2016

4. 상상하기만 해도 기분은 변한다

5. 기분은 전달할 수 있다

또 하나, 관점이란 사물을 보는 시점과 입장입니다. 타인의 관점에서 보기, 복수의 관점에서 보기, 전체 상황을 멀리서 보기 등 관점을 전환하는 것 또한 중요한 요소입니다.

답이 나오지 않는 고민에서 탈출해 진정한 생각을 하기 위해서는 다음 단계에 따라 즉시 실행해야 합니다.

1. 긍정적인 기분에 잠기자

2. 일시적이어도 좋으니 결론을 내린다

3. '어떻게 하면 할 수 있을까'를 철저히 생각한다

4. 타인의 조언은 스스로 취사선택한다

5. 결론이 나오면 행동한다

이렇듯 기분과 관점을 자연스럽게 바꿀 수 있는 사람이 즉시 실행할 수 있는 사람입니다.

《즉시 행동하기! : 행동력을 높이는 과학적인 방법》📖

[036]은 작업치료사인 저자가 재활치료 의료현장에서 직접 겪은 일을 비즈니스에 응용한 내용입니다. 제목에서 알 수 있듯이 뇌와 몸의 연계를 통해 과학적으로 즉시 움직이는 행동력을 소개하고 있습니다.

사실 즉시 실행하지 않는 원인은 성격이나 의욕 때문이 아니라 뇌가 '즉시 실행 모드'로 되어 있지 않기 때문입니다. 뇌가 다음 행동을 예측할 수 있을 때까지는 앞에 하고 있던 행동이 끊기지 않게 연속으로 이어지게 해야 합니다.

즉, 즉시 실행하는 상태로 뇌를 유지하기 위해서는 일상생활을 최대한 습관화해서 근육이 뇌에 새로운 정보를 전달하지 않도록 해야 합니다. 다시 말해 뇌에 들어갈 정보를 간추리고 뇌가 자동으로 행동하도록 만듭니다.

하기 싫은 일을 미루지 않으려면 어떻게 해야 할까요? 일을 지금 당장 하기 위해서 필요한 것은 의지가 아니라 기술이라 말하는《실행이 답이다》[037]입니다.

📖 **036** すぐやる！「行動力」を高める科学的な方法, 스가와라 요헤이 저, 분쿄샤, 2016

저자 이민규 씨는 '단 1%만 변해도 인생은 크게 변한다'는 철학으로 100만 명 이상의 사람들에게 영향력을 미치고 있는 심리학자입니다. 실행력을 발휘하는 프로세스를 3개의 국면으로 나누어 심리학에 기반한 노하우와 사고방식을 소개합니다.

1. 결심하기
2. 실천하기
3. 계속하기

그리고 그가 말하는 즉시 실행하기 위한 구체적인 20개의 방법 중 제가 실천해서 특히 효과적이었던 방법은 다음과 같습니다.

- 일을 끝내는 시간이 아니라 시작하는 시간을 정하자
- 역산 스케줄링을 시도하면 할 일이 명확해진다
- 첫 1%의 행동에 전력을 기울여라
- 청소하고 싶으면 친구를 집에 불러라

037 이민규 저, 더난출판사, 2019

좋은 습관은
성장의 시작이다

이시가와 가즈오 씨는 건설회사 임원, 세무사, 대학 연구원, 비즈니스서 저자, 인재 개발 지원회사의 임원 COO, 사단법인 국제 커리어 교육협회 이사, 시간관리 컨설턴트, 온라인 살롱 이시가와쥬쿠 운영 등 9개의 직함을 가지고 단시간에 많은 일을 해내는 슈퍼 샐러리맨으로 알려져 있습니다.

그는《무슨 일이든 즉시 실행하는 기술》[038]을 통해 스스로 실천하고 있는 방법을 알기 쉽게 소개하고 있습니다.

📖 038   どんなことでもすぐやる技術, 이시가와 가즈오 저, 가켄, 2023

그는 마인드셋이나 사고방식뿐 아니라 원하는 마인드를 갖기까지 어떻게 속도를 올릴 것인지, 어떻게 즉시 실행할 것인지를 알려줍니다.

- 걱정되는 일은 노트에 적는다
- 일단 말을 뱉으면 실현된다고 생각하자
- 자는 시간과 일어나는 시간을 고정하라
- 오전 중 2시간을 몰입시간으로 두어라
- 일의 성과란 완성도 × 시간 효율이다. 완벽보다도 끝내는 것이 중요하다
- 싱글 태스크로 재빠르게 끝낸다
- 급하지 않아도 한 가지 일을 매일 계속하는 시간을 정한다
- 공부야말로 '인생에서 가장 즐거운 게임'

또 이 책의 후반부에 소개되고 있는 '쉽사리 해내기 어려운 작업을 즉시 실행하는 기술' 및 '즉시 실행력을 단련하는 습관'은 매우 흥미로워서 저 역시 바로 실천해보았고 성과도 경험할 수 있었습니다. 그 포인트는 다음과 같습니다.

- 아이디어는 기존에 있던 것의 조합

- 궁금한 것은 지체없이 물어보아라

- 질보다 양

- 실용서를 사기 전, 궁금한 부분을 거침없이 펼쳐서 읽는다

- '읽는' 것이 아니라 도움이 되는 콘텐츠를 '찾는다'

- 마음을 울리는 명언을 매일 아침 읽는다

특히 책을 읽는다는 방식은 제가 매일 하고 있는 습관과 같아 인상 깊었습니다. 가장 마지막에 저자는 이렇게 말합니다.

성공하는 사람이란 자신이 가장 하고 싶었던 것을 잘 해내고 있는 사람입니다.

— 이시가와 가즈오

우리에게는 '의욕 스위치'가 있습니다. 이를 알려주는《게으른 뇌에 행동 스위치를 켜라》[039]는 의욕적인 뇌로 만드는 법, 행동 브레이크를 밟지 않는 법, 행동 마인

📖 **039** 오히라 노부타카 저, 오정화 역, 밀리언서재, 2022

드셋 만드는 법 및 시간관리에 대해서 다음과 같은 구체적인 비결을 전수해줍니다.

- 첫걸음이 힘들 때는 10초만 움직여본다
- 마음이 내키지 않는다면 일단 몸을 움직인다
- 할 수 있다는 긍정적인 이미지를 자연스럽게 그린다
- '하지 못한 일'이 아니라 '잘한 일'에 주목한다
- '결과 목표'가 아닌 '행동 목표'에 집중한다
- 과거의 자신과 지금의 자신을 비교하는 습관을 갖는다
- '최고 집중하는 30분'을 하루 두 번 확보한다
- '목적'과 '실천 내용'을 구체적으로 생각한다

이런 습관을 가진 사람은 집중력이 흐려지지 않고 자존감이 올라가는 '과학적으로 미루지 않게 되는 기술'을 갖게 됩니다. 여러분도 꼭 한 번 시도해 보세요.

마인드셋을
'사고법'으로 정리하다

흔들리지 않는 마인드셋을 만들 수 있는 주옥 같은 인사이트 세 가지를 소개하겠습니다. 이 인사이트는 여러분의 마인드셋 기초 체력을 만들어줄 수 있을 것입니다.

첫 번째는《전략적 사고 트레이닝》 [040] 의 내용입니다. 여기서 말하는 전략이란 인생이나 비즈니스에서 납득할 수 있는 결과를 얻고 목표를 실현하기 위한 시나리오입니다. 되고 싶은 모습, 되어야 하는 모습, 즉 비전을 머릿속에 그리고 그곳을 향해 나아가는 백캐스팅 사고법으로 로드맵과 시나리오를 그려나가는 것입니다.

---

[040]　戦略的思考トレーニング, 미사카 켄 저, PHP연구소, 2021

여러분은 다음 37개의 질문에 대답하면서 자연스럽게 전략적 사고를 익힐 수 있습니다. 그중 특히 제가 공감한 것은 다음 내용입니다.

- 전략의 기점이 되는 것은 강한 마음
- 목표는 문샷(Moon shot)으로 설정하고 SMART 법칙으로 표현한다
- 목표까지의 통과'점'을 밝혀내서 '선'으로 연결한다
- 밖에서 안 즉, '아웃-인'의 사고법으로 전략을 생각한다
- '싸우지 않고 이기는 것'을 실현하는 것이 좋은 전략의 절대 조건이다
- 좋은 질문이 사람을 움직인다
- 스토리텔링으로 공감을 얻는다
- 유추(Analogy) 사고법으로 전략 옵션을 늘린다
- 전략 로드맵은 미래로 가는 키가 된다

'문샷'이란 존 F. 케네디 전 미국 대통령이 대통령 취임 연설에서 "10년 안에 인류를 달에 보낼 것이다"라고 말한 데서 온 표현입니다. 이처럼 달에 도달할 정도의 대담하고 혁신적인 목표를 내거는 것을 말합니다. 반대말은

'루프샷(Roof shot)'입니다. 옥상에 닿을 정도의 샷, 현실의 연장선상, 즉 현실적인 목표를 말합니다.

SMART 법칙이란 비전을 작성할 때의 이론으로, Specific(구체적이고), Measurable(측정 가능하며), Attractive(매력적이고), Realistic(현실적이며), Time-bound(기간이 명확하다)는 의미입니다. 즉, 이 5개의 포인트를 염두에 두고 목표를 작성하라는 법칙입니다.

《구체 ↔ 추상 트레이닝》[041]은 이와 함께 꼭 읽어보기를 추천합니다. 바로 앞 책과 시리즈물인 이 책은, 29가지 예제를 풀어나가면서 자연스럽게 구체와 추상을 자유자재로 왔다 갔다 할 수 있는 사고법을 익히게 됩니다.

저는 강연을 나갈 때 주로 경영 전략과 인생 전략 두 가지 모두에 도움이 되는 이 두 권을 함께 소개하곤 합니다. 이 내용을 실천하면 시간관리법의 질이 비약적으로 좋아질 것입니다.

[041]　具体↔抽象トレーニング, 호소야 이사오 저, PHP연구소, 2020

저자인 호소야 이사오 씨는 '구체 ↔ 추상'으로 세상을 바라보면 완전히 다른 세상이 보이기 때문에 SNS에서 일어나는 소모적인 말싸움에서 빠져나올 수 있고 소통의 차이를 이해해 스트레스를 줄일 수 있다고 말합니다.

구체화와 추상화란, 자기 머리로 생각하기 위한 방법론이며 이 둘을 조합하면 근본적으로 내게 닥친 문제를 해결할 수 있습니다. 소모적인 토론 중 대부분은 구체와 추상의 엇갈림에서 발생한다는 것이죠.

저자는 추상화와 구체화의 특성을 다음과 같이 제시하고 있으며 이 두 가지를 왔다갔다하는 사고법에 가치가 있다고 설명합니다.

- 추상화란 한마디로 표현하는 것
- 추상화란 버리는 것
- 추상화란 자유도를 올리는 것
- 추상도가 올라간다 = 전체를 본다
- 구체화란 How를 묻는 것
- 구체화란 자유도를 낮추는 것
- 구체화는 개별, 특수, 개개의 속성

인류가 추상화를 통해 만들어낸 최고의 도구가 언어라고 말합니다. 그리고 유추 사고법에 필요한 추상화된 특징, 눈에 보이지 않는 유사점을 찾는 일을 강조합니다.

업무 전략을 세울 때 본인들과는 완전히 다른 업계의 성공 사례(구체)로 전략을 추상화하고, 그 다음 유추를 통해 비즈니스 모델의 본질을 정의한 후에 다시 한번 자신의 업계로 돌아가 구체화해서 응용한다는 방식은 이미 다양한 업계에서 실천하고 있으며 그만한 성과를 올리고 있습니다. 이 사고법이 '구체 ↔ 추상 사고'입니다.

세 번째는 《지식과 기술로 가장 빨리 돈을 벌 수 있는 어른의 공부》[042]입니다. 여기서는 재빠르게 기술과 지식을 익히고 그것을 이용해 돈을 벌 수 있는 단계까지 올라가기 위한 실용적인 방법을 소개합니다.

리스킬링(Reskilling)이 커리어 개발의 키워드가 되고 있는 요즘, 이 책에서 설명하고 있는 배움의 4단계가 그 기본이 된다는 사실은 제게도 큰 인상을 남겼습니다.

📚 **042** 知識とスキルを最速で稼ぎにつなげる大人の学び直し, 시미즈 구미코 저, 미카사쇼보, 2023

1. 개념의 이해

2. 구체의 이해

3. 체계의 이해

4. 본질의 이해

개념의 이해는 알고 있는 것(지식), 구체의 이해는 한 적이 있는 것(경험), 체계의 이해는 할 수 있는 것(능력), 본질의 이해는 배운 것(견문과 학식)입니다.

이 밖에도 효율적으로 배우기 위한 도구와 비결을 다양하게 소개하고 있어 많은 참고가 됩니다.

시간이 없다고 느낀다면
시간관리법을 바꿔라

시간관리를 하고는 싶지만 시간이 없어 어려움을 느끼고 있는 사람이라면 집중해주세요.《영화를 빨리 감기로 보는 사람들》[043]은 젊은 세대가 영상을 빨리 감기로 시청하는 배경으로 다음 세 가지를 들고 있습니다.

1. 영상 콘텐츠의 공급 과다 환경

2. 타임 퍼포먼스, 즉 시간 가성비를 원하는 사람들

3. 영상을 요약해주는 또 다른 콘텐츠의 증가

봐야 하는 작품의 분량이 증가한 것, 즉 처리해야 할

---

[043] 이나다 도요시 저, 황미숙 역, 현대지성, 2022

정보량 또한 폭발적으로 늘어나는 현대의 정보 사회의 특성이 젊은 세대의 라이프스타일을 바꾸고 있는 셈입니다.

SNS에서 화제가 된 작품을 보지 않으면 이야기에 끼어들 수 없다는 두려움 때문에 빨리 감기로 시청하거나 아예 결말까지 줄거리를 공유하는 콘텐츠를 보는 사람이 늘고 있다고 합니다. 이들은 먼저 결말을 보고 싶은 것이 아니라 '알고 싶은' 것입니다. 유료로 OTT 서비스를 구독하는 경우에는 최대한 많은 작품을 봐야 손해가 아니라는 인식도 그 움직임을 가속시키고 있습니다.

정신과 의사이자 작가인 가바시와 시온 씨는 스트레스로 몸이 아팠을 때 시간관리법을 바꾸기 시작했습니다. 차근차근 자신의 일상을 돌아보면서 모든 것이 시간관리로 정해진다는 것을 깨달았습니다. 그가 소개하는 시간관리법은 남보다 4배로 일하고 2배로 놀 수 있는, 신이 내린 시간관리법입니다. 그의 《신의 시간술》[044]에서 소개하는 시간관리법의 네 가지 원칙은 다음과 같습니다.

1. 집중력을 바탕으로 시간을 생각한다

2. 집중력을 리셋해서 시간을 만들어낸다

3. 미국식 업무 효율을 따르라

4. 자기 투자를 위해 시간을 사용한다

결국 신이 내린 시간관리법의 최종 목표는 '즐기기 위해서 시간을 쓰는 것'입니다. 정신과 의사 저자답게 뇌과학의 관점에서 뇌의 기능을 최대한으로 살리기 위해 인간이 집중할 수 있는 시간 단위인 15분 또는 그 배수가 되는 시간 사이에 휴식 시간을 끼워 넣으며 일하는 방법 등, 저자가 실천하고 있는 다양한 방식을 소개합니다. 여러분에게도 많은 참고가 될 것입니다.

《결핍의 경제학》[045]에서는 돈과 시간이 없는 탓에 인지 능력, 처리 능력 및 판단력이 떨어져 결핍이 결핍을 낳는 악순환에 빠져버릴 수 있는 위험성을 지적합니다. 수많은 실험 결과와 연구에서는 말합니다. 성공하지 못하는 사람은 개인의 자질이 문제가 아니라 공통된 요인이

---

044 가바사와 시온 저, 정지영 역, 리더스북, 2018

045 센딜 멀레이너선, 엘다 샤퍼 공저, 이경식 역, 알에이치코리아, 2014

있다고 말이죠. 그것을 극복하는 방법으로 이 책에서는
다음과 같은 해결책을 제시합니다.

- 늘 생활에 여유를 가질 것
- 월급에서 매달 일정 금액 저축 또는 투자를 할 것
- 돈과 시간에 여유를 주기 위한 계획을 짤 것

말하자면 돈과 시간에 여유를 가지면 결핍을 방지할
수 있다는 이야기입니다. 여유가 없으면 당장 눈앞의 것
밖에 보이지 않는 '터널링 상태'가 될 수도 있습니다. 마
치 터널에서처럼 주변이 보이지 않는 상태인 것이죠.

습관에는
인생을 바꾸는 힘이 있다

이번 장의 마지막에는 습관의 힘에 대해 쓰인 명저를 소개합니다. 습관에 관한 책 중 가장 유명한 스티븐 코비의 불후의 명작, 바로《성공하는 사람들의 7가지 습관》⁰⁴⁶입니다. 다음은 성공한 사람들의 공통된 원리와 원칙, 그들의 일곱 가지 습관입니다.

1. 자신의 삶을 주도하라

2. 끝을 생각하며 시작하라

3. 소중한 것을 먼저 하라

4. 윈윈 전략을 생각하라

046   스티븐 코비 저, 김경섭 역, 김영사, 2023

5. 먼저 이해하고 다음에 이해시켜라

6. 시너지를 내라

7. 끊임없이 쇄신하라

이 중에서 시간관리의 비결로 가장 자주 인용되는 것이 3번입니다. 해야 할 일을 긴급도와 중요도, 두 가지 관점에서 네 가지 영역으로 나눴을 때, 긴급하지는 않지만 중요한 제2영역의 일을 우선한다는 원칙입니다. 평소에 시간 배분을 잘할 수 있으면 긴급하고 중요한 일이 줄어들기 때문에 안정적으로 높은 성과를 낼 수 있게 됩니다. 제2영역에 들어가는 긴급하진 않지만 중요한 업무라는 것은 예를 들어 건강 관리일 수도 있고 인간관계, 자기 계발이 될 수도 있습니다.

제가 특히 가슴에 새기며 실천하고 있는 것은 7번 '끊임없이 쇄신하라'라는 습관입니다. 저자인 코비 씨는 좋은 책을 읽을 것을 적극적으로 추천하고 있습니다.

《일 빨리 끝내는 사람의 42가지 비법》[047]의 저자

📚 **047**   요시다 유키히로 저, 김진연 역, 센시오, 2020

시간관리의 정석

인 요시다 씨는 수많은 연수 및 강연, 컨설팅으로 3만 명이 넘는 사람들에게 업무 시간 및 업무량을 줄이는 방법을 전수합니다. 그중 특별히 효과가 더 있었던 것, 평판이 좋았던 것을 중심으로 자신의 경험담을 곁들여 일을 빨리 끝낼 수 있는 비결과 사고법, 감정과 직면하는 법 등을 소개하고 있습니다.

그의 말에 따르면 일 빨리 끝내는 사람이 실천하고 있는 습관은 다음과 같습니다. 저도 평소에 대부분 실천하고 있는 것들입니다.

- 일단 시간이 오래 걸리는 일을 위한 '덩어리 시간'을 확보한다
- 처음에 전력 질주하고 마지막 순간에 다시 한번 속력을 올린다
- 스케줄 수첩을 가득 채우지 않는다
- 의식적으로 휴식을 취한다
- 자신의 실패담을 이야기한다
- 목표를 공언한다
- ECRS(제거/결합/교환/단순화)로 늘 의심하고 변화를 만든다
- 불안 요소를 적어본다
- 기복을 전제로 생각한다

일을 짧게 하는 습관을 알려주는 《즉시 실행하는 것보다 잘 된다! 일을 짧게 하는 습관》◆048입니다.

일을 짧게 하기 위해서는 다음 다섯 가지 원칙을 염두에 두고 다각적인 관점에서 각각의 업무를 바라보고 생각하는 습관을 들여야 합니다.

1. 우선순위를 명확히 한다

2. 쓸데없는 일을 하지 않는다

3. 미루지 않는다

4. 다른 사람에게 맡길 수 있는 것까지 다 떠안지 않는다

5. 타이밍을 틀리지 않는다

야마모토 씨가 소개하는 42가지 구체적인 방법 중에서 제가 늘 명심하면서 실천하고 있는 것은 다음과 같습니다.

◆ 048　「すぐやる」よりはかどる！仕事も「短くやる」習慣, 야마모토 다이헤이 저, 크로스미디어퍼블리싱, 2023

　　　　　　　　　　　　　　　　시간관리의 정석

- 로켓 스타트 방식대신 전체를 바라본다
- 일의 근간(주축)을 정확히 파악하고 시간 배분을 정확히 한다
- 최단 루트로 결승점을 향하는 '역산 사고'
- 예측 불가를 미리 파악하고 어려운 일부터 한다
- 신은 스피드에 깃든다
- 일의 대부분은 70점이어도 통용된다
- 요약하는 힘을 단련해서 1분 안에 이해할 수 있는 자료를 만든다
- 자기 머리로 생각하는 힘을 기르는 일이 '일의 속도'를 올리는 지름길이다
- 아이디어가 부족할 때 '질문'으로 정보를 수집한다
- 잘하는 것을 늘려야 생산성이 올라간다
- 일을 잘하는 사람일수록 건강 관리를 철저히 한다
- 수면 부족은 '짧게 일하기'의 가장 큰 적이다

야마모토 씨는 '일을 짧게 하는 것은 시간을 자산으로 바꾸는 일'이라고 말합니다. 우리에게 있어서 시간은 돈보다도 귀중하고 희귀한 자산이 아닐까요?

마지막으로 소개하고자 하는 《과학적으로 일을 계속하는 방법 : 습관으로 만든 사람이 성공한다》[049]는 습관의 메커니즘에 대해서 설명하고 안 좋은 습관을 고치기 위한 기술을 소개합니다.

자신에게 어떤 습관이 있는지를 정확히 이해할 수 있게 된다면 나쁜 습관은 좋은 습관으로 바꿀 수 있습니다. 새로운 습관을 익히고 즉시 사용할 수 있는 습관으로 만들기 위한 비법을 소개합니다.

- 습관을 들이고 싶다면 오전 중에 한다
- 인센티브를 돈으로 준비해둔다
- 즐겁다고 말하면서 행동한다
- 독서 습관을 들인다
- 심호흡으로 분노를 억제한다
- 처음에는 매일 하도록 노력한다
- 새로운 행동이 습관이 될 확률은 25%이다

---

049 科学的に「続ける」方法「習慣化」できる人だけがうまくいく, 나이토 요시히토 저, 종합법령출판, 2023

이것들은 모두 제가 실천해보고 성과를 느끼고 있는 것들입니다.

나이토 씨는 '스스로 변하고 싶다면 습관을 바꾸세요', '습관을 바꾸면 사람은 몇 번이든 새로운 나로 다시 태어날 수 있습니다'라며 습관의 중요성을 또 한 번 강조합니다.

'마인드셋'에서
가장 추천하는 한 권

칼럼 3

《아주 작은 습관의 힘》 📖 050

제임스 클리어 저, 이한이 역, 비즈니스북스, 2019

제임스 클리어는 습관, 의사결정, 지속적인 개선 분야의 전문가로, 전 세계 판매 부수 700만 부를 돌파한 시리즈 책을 집필하면서 수많은 강연을 다니고 그가 운영하는 메일레터 구독자 수가 150만 명이 넘는 인기 작가입니다.

습관은 처음에는 너무나 사소하게 보이는 변화일지라도 몇 년간 지속하면 결국 깜짝 놀랄 만한 성과를 가져올 것입니다. 누구나 삶에서

좌절을 맛보지만, 긴 안목으로 보면 생활의 질은 습관의 질에 좌우되는 경우가 많습니다. 제임스 씨가 전하는 메시지는 좋은 습관이 얼마나 인생을 좋은 방향으로 변화시키는지를 말해줍니다.

이 책은 좋은 습관을 익히기 위한 유일한 정통법은 없다고 주장합니다. 단, 좋은 습관의 중요성과 '습관의 4단계(계기, 욕구, 반응, 보상)'를 통해 만들어지는 다음 네 가지 행동을 설명합니다.

1. 명확히 한다
2. 매력적으로 한다
3. 쉽게 한다
4. 만족할 수 있는 것으로 한다

이것은 인지과학과 행동과학의 통합 모델이며 위 네 가지 행동 순서대로 습관으로 이어지는 구체적인 요령을 소개하고 있습니다.

- 매일 1%의 개선(=최소습관)이 큰 개선으로 이어진다
- 노력이 즉각적인 결과를 가져올 것을 기대하지만 성과는 늦게 일어난다
- 아주 작은 습관이란 큰 시스템의 일부를 구성한다
- 정체성은 습관에서 생겨난다
- 습관이 정말로 중요한 이유는 나에 대한 신념을 얻을 수 있다

- 행동 변화의 제1법칙은 '명확히 하는 것'
- 가장 흔한 두 가지 계기는 시간과 장소
- 새로운 환경이 새로운 습관 들이기에 좋다
- 행동 변화의 제2법칙은 '매력적으로 하는 것'
- 행동을 부추기는 것은 보상의 실현이 아니라 보상의 예측
- 인정받고 존경받고 칭찬받는 나는 매력적이다
- 행동 변화의 제3법칙은 '쉽게 하는 것'
- 습관 형성이란 습관이 점차 자동화되는 과정
- 습관 습득을 위해서 들인 시간보다 실행 횟수가 더 중요하다
- 새로운 습관을 시작할 때는 2분 이내로 할 수 있는 것으로 한다
- 과정의 시작을 의식처럼 만들어 놓으면 쉽게 집중할 수 있다
- 행동 변화 제3법칙의 반대는 '어렵게 하는 것'
- 기술을 사용한 습관의 자동화는 효과적이다
- 행동 변화 제4법칙은 '만족할 수 있는 것으로 하는 것'
- 성공할 확률을 높이려면 나에게 맞는 경쟁 분야를 선택할 것
- 나에게 맞는 습관을 선택하면 진보하기 쉽다
- 나의 강점을 살리는 유리한 게임을 찾을 수 없다면 만들면 된다
- 인간은 능력 최대치까지 도전해야 비로소 동기부여가 가장 높아진다
- 성공을 위협하는 것은 실패가 아니라 나태함
- 습관 + 계획적인 연습 = 숙련

작은 습관은 복리처럼 점점 커집니다. 작은 변화가 놀라운 성과를 가져오는 것, 그것이 아주 작은 습관의 힘이라고 저자는 말합니다.

상대성 이론을 주장한 천재물리학자 아인슈타인이 '복리는 인류 최대의 발명이다. 알고 있는 사람은 복리로 돈을 벌고 모르는 사람은 이자를 지불할 것이다'라는 명언을 남긴 것으로 유명하죠.

자산운용에 관한 금융상품의 내용을 검토할 때 자주 나오는 개념으로, 이 책에서는 매일 1%씩이라도 개선된다면 그 성과가 다음날 출발점, 즉 원리금으로 들어오기 때문에 처음에는 성과가 보이지 않아도 시간을 들여서 계속하고 마침내 습관이 되면 상상할 수 없을 만큼의 큰 성과를 올릴 수 있다는 것을 말하고 있습니다.

실제로 습관에 인생을 바꿀 정도의 힘이 있다는 것은 성공한 사람들이 성공의 비결로 강조하고 있는 내용이기도 합니다.

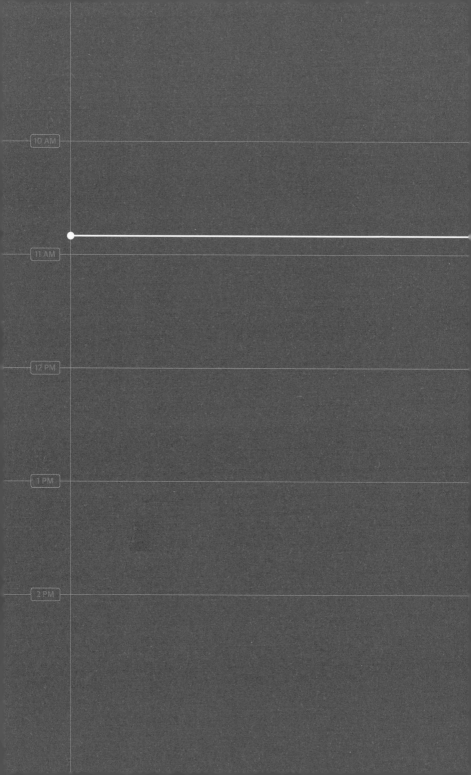

4장 커리어 형성

Career Development

나답게
일하는 법

나의 강점으로
승부한다

4장은 이전 장에 이어 중기적인 관점에서 행동을 습관화하고 커리어를 형성하기 위한 시간관리법에 대해서 나누려 합니다. 이 장도 20대부터 50대 정도까지 폭넓은 직장인들에게 도움이 되는 명저의 요점을 다음의 키워드로 분류해서 순서대로 소개해 나갑니다.

- 강점(무기), 전문성
- 희소성/차별화
- 업무 방식
- 팀 성과
- 아웃풋

기술 혁신으로 늘어나는 정보량과 빠르게 변하는 사회에서 요구되는 전문성과 업무 방식도 크게 변화하고 있습니다. 우리는 어떻게 시간을 관리해야 어디에서든 통용되는 기술과 커리어를 형성할 수 있을까요? 수많은 힌트를 얻을 수 있는 명저의 내용을 소개합니다.

나의 강점을 찾는 일은 어렵지만 제시하는 물음에 대답하다 보면 스스로 나아가야 할 방향성을 알게 될 것입니다.《인생의 위대한 질문》📖[051]의 저자 톰 래스 씨는 전 갤럽의 임원으로,《위대한 나의 발견 강점혁명》(갤럽 프레스 저, 청림출판, 2021)이라는 자신의 강점을 발견하는 프로그램의 공동 개발자이기도 합니다. 갤럽에서 독립하고 나서도 세계 각지에서 강점, 직원 관리, 웰빙, 리더십에 관한 컨설팅 활동을 전개하고 있습니다.

여기서 적성에 맞는 일이란 '누군가에게 도움이 되는 것', '일의 목적', '누군가를 행복하게 하는 것'이라는 관점에서 다음과 같은 포인트를 이야기합니다.

📖 **051** Life's Great Question, 톰 래스 저, 실리콘길드, 2020

- 당신은 어떤 식으로 누군가에게 도움이 되고 있는지를 알아야한다
- 약점을 극복하는 일보다 강점을 살리는 일에 시간을 투자한다
- 당신의 강점 및 노력은 세상에 보탬이 될 수 있어야 비로소 가치가 있다
- 세상에 보탬이 될 때 사람은 행복해진다
- 돈 버는 것 이상의 목적이 있는 사람은 수입이 높다
- 누군가에게 도움이 되고 있다고 느끼고 있는 사람은 일의 만족도가 높다
- 내가 어디에 보탬이 될 것인지를 명확히 이해한다
- 최대한 많은 자유, 자율성, 재량권을 가진다
- 1일 1시간 이상, 자신을 건강하게 만들기 위한 무언가를 한다

후반부에서는 '다른 사람에게 도움이 되는 12개의 자질'을 다음과 같이 세 가지로 분류해서 제시합니다.

1. 창조하는 힘(시작하는 힘, 의견을 내는 힘, 가르치는 힘, 비전을 그리는 힘)
2. 관계를 만드는 힘(연결하는 힘, 기운을 내게 하는 힘, 공감하는 힘, 영향을 주는 힘)

3. 실행하는 힘(진행하는 힘, 달성하는 힘, 적응하는 힘, 넓히는 힘)

이 책은 온라인 진단 프로그램과 연동되어 있어서 책에 수록된 키 코드를 입력하면 다른 사람에게 도움이 되는 12개의 자질 중 자신의 강점인 '나와 맞는 자질 세 가지'를 진단해줍니다. 저는 다음과 같은 결과가 나왔습니다.

1. 시작하는 힘
2. 가르치는 힘
3. 공헌하는 힘

세 가지 모두 '창조하는 힘'에 속해 있으며 제가 하는 비즈니스서 집필, 강연 등은 내 강점을 살리고 있는 적성에 맞는 일이라는 것을 알게 되었습니다.

전문성을 키워
무기로 만든다

전문성을 키우고 싶다면 미의식을 단련해야 한다는 독특한 관점을 제시하고 있는 것이《세계의 리더들은 왜 직감을 단련하는가》[052]입니다. 세계에서 유일하게 석사, 박사 학위를 수여하는 미술대학인 영국 로열 컬리지는 세계의 많은 인재들이 공부하고 있는 곳으로 글로벌 기업의 간부 트레이닝에 힘을 쏟고 있습니다.

세계의 인재들은 왜 미의식을 중시하고 키우려 할까요? 그 배경으로 저자인 야마구치 씨는 다음 세 가지를 제시하고 있습니다.

[052] 야마구치 슈 저, 이정환 역, 북클라우드, 2018

1. 현대 사회는 논리적, 이성적인 정보처리 기술의 한계가 드러나

   누구나 똑같은 정답을 말하고 있다

2. 거대한 자기실현 욕구 시장이 등장했다

3. 현대 사회는 시스템의 변화가 지나치게 빠르다

기술 혁신의 속도가 빨라 한 치 앞도 모르게 된 요즘, 논리와 이성만으로 해결책을 생각하면 누구나 똑같은 정답을 말하게 되고 유효한 대책도 찾을 수 없습니다.

그래서 전체를 직감적으로 파악하는 감성과 상황에 대응하는 능력 그리고 창조력이 필요하게 되었습니다.

심리학자인 에이브라함 마드로가 제창한 '인간의 욕구 5단계'에서 알 수 있듯 자아실현의 욕구는 지금까지 전 인구의 한 줌밖에 되지 않는 사람들의 것이었습니다. 하지만 전 세계적으로 부가 확대되면서 그것을 거의 모든 사람에게 확산시켰습니다.

저자는 자아실현의 욕구를 마케팅 측면에서 이용하려면 좀 더 정교하고 치밀한 마케팅 기술을 이용해 논리적으로 기능적 우위성과 가격 경쟁력을 형성하는 능력보다 사람의 인정 욕구 및 자아실현 욕구를 자극하는 감성

과 미의식이 중요해야 한다고 지적합니다. 많은 인재들이 미의식을 단련하는 이유도 여기에 있습니다.

주변에서 흔히 볼 수 있는 제품 중에서도 날개 없는 선풍기를 만든 다이슨, 누구든 실패 없이 노릇한 빵을 만들어낼 수 있는 토스트기를 히트시킨 발뮤다 등, 자아실현 욕구를 자극하는 제품이 계속해서 탄생하고 있습니다.

직장에서의 무례함은 조직에 손해를 입히고 일 효율을 떨어뜨립니다. 《무례함의 비용》 ● 053은 직장에서 예의를 지키며 일하는 방식을 제시합니다.

- 타인의 피드백에 귀를 기울인다
- 운동, 수면, 영양을 충분히 취하는 것도 중요하다
- 정중한 사람이 지키는 세 가지 원칙 ①미소를 잃지 않는다 ② 상대를 존중한다 ③상대방의 이야기에 귀를 기울인다
- 무의식 속 편견에 저항한다

다음은 정중한 회사를 만드는 4단계입니다.

● **053** 크리스틴 포래스 저, 정태영 역, 흐름출판, 2018

1. 정중한 사람 감별법

2. 정중한 사람을 만들 수 있는 코칭

3. 잘못된 평가 시스템 개선하기

4. 무례한 사원과 마주하는 법

결국엔 정중함이 사람의 강점을 개발해 최강의 무기가 되는 것입니다.

우리가 사는 현대사회는 기술 혁신의 속도가 빠르고 전문 분야가 세세하게 갈리는 '슈퍼 스페셜리스트'가 늘고 있습니다. 일찍부터 경쟁에서 이길 수 있어야 한다는 생각에 스포츠 및 음악 분야 등에서 전문 조기교육이 활발합니다.

지식의 폭넓은 정도에 따라 개인의 강점이 개발된다고 주장하는《늦깎이 천재들의 비밀》📖 [054]에서는 초전문화가 성공하기 쉬운 분야는 사실 굉장히 한정되어 있다고 지적합니다. 예를 들어 골프 및 체스 등 규칙이 명확하고 신속하며 정확한 피드백을 얻을 수 있는 학습환경이 친절

📖 **054** 데이비드 엡스타인 저, 이한음 역, 열린책들, 2020

한 영역만이 이에 해당합니다.

즉, 세상 대부분의 영역에서는 다양한 분야에 정통하고 지식과 경험의 폭이 넓은 '제네럴리스트'가 훨씬 더 성공 가능성이 있고 실제 이 사실은 다양한 학술 연구 및 조사를 통해 입증되고 있다고 합니다. 이런 근거들로 비추어 봤을 때 이 책의 결론은 다음 세 가지로 집약됩니다.

1. 폭넓은 지식 및 경험이 창의적인 성과를 올리는 열쇠가 된다
2. 빠르고 효율적으로 배우는 것보다 천천히 길을 돌아서 가면서 배우는 편이 효과적이다
3. 자신의 가능성을 시도하는 일이 최적의 일을 찾게 되는 길이 된다

다양한 분야에 정통한 사람은 폭넓은 지식을 미지의 분야에 응용하는 유추 사고력이 생겨납니다. 그리고 마침내 이를 통해 창의성을 발휘할 수 있게 됩니다.

전문성을 조합해
유일한 존재가 되다

수많은 스몰 비즈니스 창업가에게 영감을 주고 재현
성 있는 이론이 높은 평가를 받는《100만 명 중에 유일한
한 사람이 되는 방법》[055]입니다. 저자인 후지하라 씨는
인재 채용 회사 출신으로, 민간인으로는 처음 공립중학교
교장(도쿄도 스기나미구립와다중학교 교장)으로 선발된 교육
개혁 실천가입니다. 후지하라 씨는 스스로 실천한 커리
어 형성법을 '크레딧 삼각형 이론'이라 이름 지었습니다.
100명당 1명이 자신만의 전문성 세 가지를 갖고 그것을
모두 곱하면 100만 명 중 유일한 한 사람이라는 희소성을

---

[055] 100万人に一人の存在になる方法, 후지하라 가즈히로 저, 다이아몬드사, 2019

가질 수 있게 된다는 의미입니다. 그리고 이 희소성은 곧 돈 버는 힘으로 이어질 것이라 자신합니다.

하나의 전문성을 얻기 위해서는 일반적으로 1만 시간의 공부와 실천이 필요하다고 합니다. 10년 동안 세 가지 전문성을 획득하면 평생 먹고사는 데 걱정이 없는 온리원, 유일한 존재가 된다는 이론이 있습니다.

$$1/100 \times 1/100 \times 1/100 = 1\ /1,000,000$$

사실 한 해에 태어나는 아이의 숫자는 80만 명 이하이기 때문에 100만 명 중 1명이라는 수치는 같은 연령대에서 유일한 단 한 명이라는 뜻이 됩니다. 후지하라 씨는 한 가지 전문성만으로 그것을 달성하려고 하면 올림픽 메달리스트급으로 노력해야 할테지만 세 가지 전문성을 조합한다면 누구든 가능한 방법이라고 이야기합니다.

구체적인 전문성을 익히는 방법으로 이 책에서는 다음 3단계를 보여줍니다.

1. 20대에 갖게 되는 첫 번째 커리어를 1만 시간(5~10년) 단련하여 프로 전문가의 기반 만들기(1/100의 존재 되기)
2. 30대에 이직을 통해 두 번째 커리어를 1만 시간 만들고, 첫 번째 커리어와 합쳐서 1/10,000의 존재 되기
3. 40, 50대에 세 번째 커리어로 최대한 높은 정점으로 뛰어올라 1/1,000,000의 존재되기(삼각형이 클수록 '희소성'이 커지고 가치가 높아짐)

후지하라 씨는 20대에 인재 채용 회사에서 '발표력과 영업력'이라는 첫 번째 전문성을, 30대에 관리직으로 '인재 채용 매니지먼트' 기술을 습득해 두 번째 전문성을, 그리고 중학교 교장 역임 시 실시했던 교육개혁 실천으로 세 번째 전문성을 획득했습니다.

발표력과 영업력, 인재 채용 매니지먼트 기술, 교육개혁 실천이라는 전문성을 모두 다 갖춘 사람은 세상에 없으므로 그야말로 100만 명 중의 유일한 희소성을 가진 존재가 된 것입니다.

세 가지 전문성을 조합함으로써 유일한 존재가 되어 많은 수익을 올리는 '크레딧 삼각형 이론'은 실제로 창업

가들이 많은 효과를 얻고 있습니다. 저도 57세에 회사를 퇴직하고 1인 창업을 할 때 '비즈니스서 다독', '은행원 시절의 재무 리터러시', '다채로운 소통력'이라는 세 가지 전문성을 조합하여 유일한 존재가 되는 것을 목표로 삼았고, 그 결과 창업 3년 차에 회사원 시절보다 더 많은 수익을 올리는 비즈니스 모델을 구축할 수 있었습니다.

자신의 시장가치를 분석하고 동시에 시장가치를 올리는 구체적인 방법을 알려주는 기타노 유이가의 《앞으로 시장가치가 올라가는 사람》[056]도 많은 것을 보여줍니다. 시장가치 및 일의 본질을 함께 생각하기 위해 개인의 일상과 평소 생활에 초점을 맞추고 스스로 자신의 시장가치를 높이기 위해 일 잘하는 사람, 강점을 키우는 사람이 되려면 어떤 자세로 일해야 하는지 알 수 있습니다.

다음은 '시장가치 측정법'으로 자기 급여의 기대치를 다음 세 가지 요소의 곱셈으로 생각해 볼 수 있습니다.

---

[056] これから市場価値が上がる人, 기타노 유이가 저, 포플러사, 2023

- 업계의 생산성(한 명당 창출하는 부가가치, 업계의 신장)

- 인적 자산(회사나 조직이 변해도 동료와 고객이 있는가)

- 기술 자산(전문성 및 경험)

여기서 특별히 흥미를 느껴 제가 직접 실천해본 것은 '고민을 강점으로 바꾸는 사고법' 및 '시장가치를 최대화할 수 있는 사람은 이것을 하고 있다'라는 부분입니다. 주요 포인트는 다음과 같습니다.

- 성공은 약속할 수 없지만, '성장'은 약속할 수 있다

- 의식해야 할 세 가지 사고법 ①논리적 사고 ②애당초 이론 ③유추 사고

- 이론을 얻는 가장 일반적인 방법은 '독서'

- 사회 전체의 부를 늘리는 아웃풋

- 역사를 배우면 벽을 알 수 있고 미래를 배우면 다음 목표를 알 수 있다

직업인의 능력 저하는 조직 매니지먼트에서도 큰 문제가 됩니다. 《회사 안의 '일' 사회 안의 '일'》[057]은 회사 안에서만 통용되는 '조직인'이 아니라 장기적으로 자신의

전문성을 높이는 '직업인'이 되어야 한다고 말합니다.

도전해보고 싶은 직장인을 위한 실용서《커리어 약자의 성장전략》📖 [058]은 용기가 필요한 직장인에게 추천합니다. 저자는 조직에서 성실하게 제 역할을 해온 직장인이라면 누구에게든 경험과 기술이 있다고 말합니다. 마인드셋을 조금만 바꾸어 한 발 움직이면 몇 번이든 새로운 지위와 역할을 얻을 수 있으며 독립이나 창업 그리고 공부가 가능한 시대에 사는 점을 이용하라고 합니다.

특히나 이 책의 후반부에 있는 '오늘부터 시작하는 23가지 성장전략'은 많은 참고가 됩니다. 제가 실천하고 있는 주요 포인트는 다음과 같습니다.

- 고향사랑 기부금을 낸다

- 연금 통지서를 읽어 본다

- 수면 시간을 기본으로 하루 스케줄을 짠다

- 운동으로 노화를 늦춘다

📖 **057** 会社のなかの「仕事」社会のなかの「仕事」, 아베 마사히로 저, 코분샤, 2023
📖 **058** キャリア弱者の成長戦略, 마나카 켄스케 저, 신초샤, 2023

- 손을 움직이는 시간, 머리를 사용하는 시간을 나눈다

- 3명의 롤 모델을 찾는다

- 미래를 생각하는 10분을 갖는다

- '5년 후의 커리어'를 위해서 계속 일한다

새로운 업무 방식으로
커리어를 형성한다

이번에는 독특한 업무 방식과 업무 기술 네 가지를 소개하겠습니다. 모두 개성 넘치는 내용들로, 읽다보면 나도 모르게 눈이 커질 수도 있습니다. 하지만 분명 여러분에게 도움이 될 내용들입니다.

첫 번째는《다동력》📖 059입니다. 이 책에서 말하는 다동력이란 여러 가지 일을 동시에 해내는 능력입니다. 모든 산업이 수평분업형 모델이 되어 업계와 업계 사이를 가로막고 있던 장벽이 무너진 지금 시대에 각 업계를 넘나들 수 있는 인재가 필요하고, 이런 사람에게 가장 필요

📖 **059**   호리에 다카후미 저, 김정환 역, 을유문화사, 2018

한 능력이 다동력인 것입니다. 저자인 호리에 씨의 말에 따르면 '다동력'이란 몇 만 가지 일을 동시에 할 수 있는 궁극의 힘이며 이 시대의 필수 기술이라고 합니다.

호리에 씨는 트위터(현재의 X)에서 '스시 장인이 몇 년씩 수행하는 것은 바보 같은 짓'이라는 글을 올려 엄청 난 논란이 되었습니다. 수행 자체가 목적이 되는 것을 경계하자는 뜻이었지만 많은 이들의 비난이 이어졌습니다. 호리에 씨가 하고자 하는 말은 귀중한 시간을 정보를 얻기 위해서만 사용해서는 안 된다는 것입니다. 즉, 개방형 혁신 시대인 오늘, '정보' 그 자체에 가치는 없다는 것입니다.

그는 결실을 위한 인내는 정답이 될 수 없다고 말하지만, 앞에서 언급했던 후지하라 가즈히로 씨의 '1/1,000,000의 존재'가 되는 전략은 추천하고 있습니다. News Picks의 사사키 노리히코 전 편집장의 경우를 예로 들어 '기자 × 편집자 × 비즈니스 개척' 같은 전문성은 새로운 미디어를 런칭하는 회사가 절실하게 원하는 인재라고 말하고 있습니다.

호리에 씨는 굳이 대중의 반발을 사서 관심을 끄는 수법을 쓰는 것으로 유명한데, 다음과 같은 '과격 발언'을 브랜딩에 활용하고 있습니다.

- 짜깁기한 책이 베스트셀러가 된다
- 손으로 만든 도시락보다 냉동식품이 더 맛있다
- 어설픈 실행이 성공을 부른다
- 쉽게 싫증내는 사람일수록 성장한다
- 모든 업무는 스마트폰으로 할 수 있다
- 리듬이 업무 속도를 결정한다
- 수면이 업무의 질을 결정한다

두 번째는 《일하는 법 : 완전무쌍》📖 [060]입니다. 사람에게는 능력 같은 건 존재하지 않는다고 단언하는 이가 있습니다. 무언가 새로운 서비스의 위에 있는 사람은 우연히 그곳에 있을 뿐이며 누구에게든 갑자기 성공 시기가 찾아올 때가 있다고 주장하는 히로유키 씨는 한 번의 기회를 노리며 행복을 꿈꾸는 삶의 방식을 권장합니다. 말

📖 **060**　働き方完全無双, 히로유키 저, 야마토쇼보, 2021

하자면 무엇이 성공할지 모르는 세상이니 새로운 일에는 무조건 참여하라는 것입니다.

이 밖에도 개성이 넘치는 히로유키식 생존전략을 소개합니다.

- 빨리 잘 것
- '절식' 추천
- 허리 통증은 냉찜질 금지, 어깨 결림은 근육 운동으로 해결
- 의존을 없애라
- 격렬한 운동보다는 '걸어라'
- '약한 개인'도 싸울 수 있다

세 번째는 《사쿠마 노부유키의 약아빠진 업무기술》📖061입니다. 저자인 사쿠마 씨가 전 TV 도쿄의 프로듀서로 22년 동안 일하면서 얻은 회사 생활에 도움이 되는 팁을 공유한 내용입니다. 그는 원만한 퇴사를 위해 독립 후에도 계속해서 TV 도쿄에서 프리 프로듀서로 일하는 등,

📖 061 佐久間宣行のずるい仕事術, 사쿠마 노부유키 저, 다이아몬드사, 2022

조직에서 센스있게 행동하는 노하우 즉, 약아빠진 업무 기술을 구체적으로 소개합니다.

주로 일, 팀, 인간관계, 기획 기술, 멘탈이라는 주제로 독자적인 노하우를 소개하고 있는데 다음은 그중에서 제가 참고한 것들입니다.

- 재미있는 것을 위주로 한다
- 복잡한 것은 기회가 된다
- 즉시 실행하는 사람이 결국 남는다
- 회의는 사전 준비로 이겨라
- '사람 지뢰'를 밟아서는 안 된다
- '칭찬하는 것'은 최강의 비즈니스 스킬
- 사람을 질책하지 않고 시스템을 바꾼다
- 고민은 '인수분해'로 생각한다

네 번째는《누구와도 어디에서든 일할 수 있는 최강의 업무 기술》[062]입니다. 저자 야마하 씨는 다양한 변화

📖 **062** 誰とでもどこででも働ける最強の仕事術, 야마하 다카히사 저, 자유국민사, 2023

에 앞서 각자가 자기 커리어에 관심을 가지고 자립적으로 커리어를 개발하기를 강조합니다. 그리고 생산성 높은 업무 방식을 계속해서 갈고닦는 마인드를 다음과 같이 제시하고 있습니다.

- 어떻게 하면 할 수 있는지를 생각한다(고민하는 시간 줄이기)
- 할 일을 정리해서 우선순위를 정한다
- 계획은 최선뿐 아니라 최악도 생각한다
- 얼굴을 마주하는 것이 소통의 기본
- 회의는 다음 할 일을 정하는 시간
- 회사에 자신의 커리어를 맡기지 않는다
- 일할 수 있을 때 일해라
- 이직, 독립 창업의 현실을 알고 준비할 것
- 한 발 내딛으면 보이는 세계가 크게 바뀐다
- 계획된 우연 이론(Planned Happenstance Theory)으로 지금을 열심히 살 것

계획된 우연 이론이란 스탠포드대학교 교수 존 크롬볼츠가 주장한 이론입니다. 이는 커리어라는 것은 우연한 요소에 의해 80%가 좌우되지만, 그 우연에 대비해 긍

정적으로 준비해온 사람만이 자신의 앞에 다가온 찬스를
활용할 수 있다는 것을 말합니다.

독특한 업무 방식이라고는 하지만 모두 비즈니스의
기본이라고 할 수 있는 키워드입니다. 공감하시겠나요?

시간관리의 정석

함께 성장하는
기쁨

훌륭한 팀은 훌륭한 직원을 만들어냅니다. 규칙에는 엄격하게, 소통은 부드럽게 하는 것이 원칙이며 규칙과 소통은 별도로 생각해야 한다고 말하는《함께 뛰는 매니지먼트》[063]입니다.

저자인 와다 씨는 직원을 성장시키면서 그것을 실적으로 연결하는 매니지먼트, 즉 '함께 뛰는 매니지먼트' 콘셉트를 주장합니다.

- 함께 뛰는 매니지먼트는 지시관리형을 중심으로 한다
- 페이스메이커는 시야 공유부터 시작한다. 시야를 공유하지 않

---

063 伴走するマネジメント, 와다 신지 저, 자유국민사, 2023

시간관리의 정석

는 러너는 안심하고 뛸 수 없다

- 직원의 시야는 매니저보다 낮다

- 전문성의 자립, 사고의 자립, 행동의 자립

- 시야를 공유하는 프레임워크 REFLECTS

- Result, Framework, Level, Episode, Cost, Time-bound,
Strategy

- 전략이란 기회와 강점에 따라 요소를 추리는 것

- 시야 공유의 REFLECTS 시트

또 이 책의 마지막에 저자는 과거에 유행한 말과 현재의 말을 다음과 같이 비교하며 본질은 변하지 않는 것이라 말하고 있습니다.

- 미션 → 목적(기업의 사회적 의의)

- 코칭 → 1 ON 1

- 동기부여 → 약속

와다 씨는 ①매니지먼트의 전체 모습을 보여줄 것 ②보편적이고 재현성 있는 사고방식 및 기술로 간추릴 것 ③실무적으로 내일부터 사용할 수 있을 것을 강조합니다. 그래서 매우 이해하기 쉽고 실천적인 내용이 담겨 있습니다.

《상대에게 '하고 싶어!' '갖고 싶어!' '도전하고 싶어!' 라는 생각이 들게 하는 근질근질 업무 기술》^{📖 064}은 직원의 동기부여를 높여 일하고 싶어서 몸이 근질근질하게 만드는 업무 기술을 알려줍니다.

'근질근질'이란 상대에게 그런 마음이 들게 하는 것을 재미있게 표현한 말입니다. 익숙하지 않은 표현이지만 여러분의 다양한 비즈니스 상황에서 사용할 수 있습니다. 구체적인 순서와 원칙 그리고 포인트는 다음과 같습니다.

- 상대가 일하고 싶어지는 이유를 만든다
- 사람은 사명감으로 움직인다
- 사람은 '알아주는 사람'을 신뢰한다
- 진정한 동기를 찾을 때 상대는 자연스럽게 일하고 싶어한다
- 세 가지 시점(①자신의 시점 ②상대의 시점 ③전체의 시점)에서 전

📘 **064** 相手にやりたいほしい挑戦したいと思わせるむずむず仕事術, 이치카와 히로코 저, 아침출판, 2023

달한다

- 正(바름) 보다 樂(즐거움)이 사람을 움직인다
- 가르치려고 하지 말고 페이스메이커가 된다
- 득보다 손을 전한다

저자는 위와 같은 원칙은 그대로 손님의 마음을 움직여 구매로 이어지게 만드는 것과 공통점이 있다고 말하고 있습니다.

지금은 다양한 가치관이 현재화되고 일의 의미가 변화하는 중입니다. 상사의 지시 및 회사의 방침에 따르는 절대적인 시대는 끝났다는 인식을 가지고 '수평적인 매니지먼트'라는 사고방식을 제시하는《수평 경영 : 편안한 팀을 만드는 일곱 가지 사고》[065]입니다.

저자는 이렇다 할 정답이 없는, 예측이 안 되는 시대에서 리더는 수평 경영에 필요한 다음 일곱 가지 사고를

---

065 フラットマネジメント心地いいチームをつくるリーダーの7つの思考, 덴츠 청소년 연구부 와카몬 저, 엠디엔코퍼레이션, 2023

가져야 한다고 설명합니다.

    1. 고정관념보다 새로운 가치관

    2. 회사의 상황보다 부하 자신의 '이해'

    3. 비용 대비 효과보다 시간 대비 효과

    4. 큰 비전보다 작은 액션

    5. 위에서 바라보기보다 옆에서 바라보기

    6. 미움받지 않는 겉치레보다 정중한 속마음

    7. 커리어보다 지속 가능한 라이프

    어려운 시대일수록 리더에게 다양한 결과가 요구되며 효율적으로 일하는 것이 중요시된다고 말합니다.

커리어를 개척하는
하나의 발견

커리어를 개척하기 위한 최강의 무기는 말로 표현할 수 있는 아웃풋의 힘이 아닐까요? 그 개념을 담은《말이 무기다》[066]입니다. 전 광고회사 카피라이터 우메다 씨가 '어떻게 광고 카피를 만드시나요?'라는 주변의 질문에 대답하며 자기 안에 있는 생각을 말로 표현하는 방법을 체계화해 소개합니다.

그는 깊이 있는 생각을 하기 위해서는 다음과 같은 '사고 사이클'을 갖추어야 한다고 말합니다.

---

[066] 우메다 사토시 저, 유나현 역, 비즈니스북스, 2017

시간관리의 정석

1. 머릿속에 있는 것을 적는다 〈아웃풋〉

2. 'T자형 사고'로 생각을 진행한다 〈연상과 진화〉

3. 같은 동료를 분류한다 〈그룹화〉

4. 부족한 곳을 깨닫고 채운다 〈관점의 확장〉

5. 시간을 두고 기다린다 〈객관성의 확보〉

6. 정반대를 생각하는 〈역전의 발상〉

7. 다른 사람의 시점에서 생각하는 〈복안사고〉

나아가 말을 잘 하는 사람은 말로 표현할 수 있다는 마음가짐이 있음을 강조하며, 다음 여섯 가지 포인트를 제시합니다.

1. 단 한 명에게라도 전달되면 된다 〈타깃팅〉

2. 상투적인 문장을 배제한다 〈다양한 말을 써보기〉

3. 한 글자라도 줄인다 〈첨예화〉

4. 동사에 집착한다 〈문장에 역동감을 주기〉

5. 새로운 문맥을 만든다 〈의미의 발명〉

6. 비슷한 것 같지만 전혀 다른 말을 구별하는 〈의미의 해상도를 높이기〉

그 밖에도 전달력 있는 메시지가 곳곳에 들어가 있는데, 그중에서 마음을 울리는 말이 있어 소개하고자 합니다.

- 사고의 심화 없이는 표현력을 키울 수 없다
- 감정을 확실히 인식할 수 있을 때, 말은 자연스럽게 강해진다
- 무조건 써라, 머리가 비면 생각할 여유가 생긴다
- '언젠가'는 아무리 시간이 지나도 오지 않는다. 의욕을 행동으로 바꾼다
- 깊이 생각한 말은 사람들을 이끄는 깃발이 된다
- 체험의 폭을 넓히는 일이 동사(動詞)의 폭을 넓히는 일이 된다
- 말로 표현하기 위해 필요한 것은 동기
- 말로 표현할 수 없다는 것은 말로 표현할 수 있을 만큼 생각하지 않은 것

마찬가지로 광고회사 덴츠(Dentsu)의 현역 카피라이터가 쓴 책,《카피라이터의 표현법》 067도 아웃풋의 중요성을 잘 알 수 있는 책입니다.

📖 **067** 아라키 슌야 저, 신찬 역, 현대지성, 2024

아라키 씨는 소통의 본질은 전달력보다 '표현력'이며 사실은 우리의 일 모두가 언어화에서 시작한다고 말합니다. 그리고 사람은 전달력보다 언어화 능력으로 평가되며, 어떻게 하면 언어로 잘 표현할 수 있는지 다음과 같은 포인트를 설명하고 있습니다.

- 표현력이란 어렴풋한 생각을 말로 전달하는 힘
- 회의, 프레젠테이션도 표현력이 없으면 실패한다
- 자료 작성이나 기획서에 표현력이 없으면 실패한다
- 소통은 '무엇을 말할까'(언어화)와 '어떻게 말할까'(전달력)
- 일의 평가는 '어떻게 말할까'보다 '무엇을 말할까'로 정해진다.
- '무엇을 말할까'에 당신의 독자적인 시점이 들어간다

'1초 만에 생각을 언어화하는 표현력 트레이닝' 또한 많은 인사이트를 주었습니다. 그 내용은 다음과 같습니다.

- 자기 경험에서 출발하라
- 경험 = 사건 + 느낀 점
- 감정에 초점을 맞춘다

- 표현력의 3단계는 ①사건 떠올리기 ②느낀 점 떠올리기 ③느낀 점을 전달할 말로 표현하기
- 최대한 간결하게 말하기

여러분도 이 책의 조언을 바탕으로 표현력을 익히고 아웃풋을 강화해 보는 것이 어떨까요?

'커리어 형성'에서
가장 추천하는 한 권

칼럼 4

《아웃풋 사고 : 1의 정보에서
10의 답을 도출하는 전문 기술》📖 **068**

우치다 카즈나리 저, PHP연구소, 2023

이제는 다른 사람과 같은 정보를 가지고 같은 생각을 해서는 차별화가 어려운 것이 현실입니다. 결국 내 자리는 젊은 세대 및 AI로 교체될 가능성이 커질 수밖에 없습니다.

📖 **068**　アウトプット思考　1の情報から10の答えを導き出すプロの技術

우치다 카즈나리 씨는 도쿄대학교 공학부 졸업 후, 일본항공 재직 중에 게이오대학원 경영관리연구과를 수료(MBA)했으며 보스턴컨설팅 그룹(BCG)에 입사해 임원을 거쳐 2000년부터 2004년에 걸쳐 BCG 일본 대표를 역임했고, 2006년에 와세다대학교 교수로 취임해 와세다대학교 비즈니스 스쿨에서 경쟁전략 및 리더십을 가르쳤으며 임원 매니지먼트 프로그램에 주력했습니다. 현재는 와세다대학교 명예 교수로 근무 중입니다.

그는 아날로그 정보를 활용해 타인보다 먼저 세상의 변화에 대응하고 새로운 것을 창출하는 일에 역점을 둔 지적 생산 기술을 제시합니다. 아무리 수많은 정보를 모아도 그 정보가 누구나 손에 넣을 수 있는 것이라면 차별화가 어렵고 이것이 인풋 접근법의 약점이라고 얘기합니다. 그리고 아웃풋에서 시작되는 정보 기술로 다음과 같은 포인트를 설명합니다.

- 정보로는 차별화가 어려운 시대가 되었다
- 망라 사고의 함정, 사전 조사가 아니라 '생각하는' 시간을 늘려야 한다
- 목적을 달성하는 것이 일, 그것을 위한 수단이 '작업'
- 정보는 정리하지 말 것, 기억하지 말 것, 검색하지 말 것
- 정보의 세 가지 목적 ①의사결정 ②아이디어의 원천 ③소통하는 방법
- 훌륭한 리더는 30%의 정보로 의사결정을 한다

- 정보 격차를 가시화하면 대화가 원활해진다
- 논쟁이 된다면 일부러 다시 돌아가본다
- '시간차 접근법'으로 아이디어를 다듬는다
- 정보에 뛰어드는 게 아니라 그 앞에 무엇이 있는지를 생각하는 사람이 성공한다
- 정보를 '마이크로', '매크로', '파고들기'의 시점에서 생각한다

나아가 차별화의 첫걸음 및 지적 생산 비장의 노하우로 다음 포인트를 소개하고 있습니다.

- 프로페셔널은 늘 '역할'을 의식한다
- '어떻게 하면 주위 사람과 차별화할 수 있을까'하며 퍼스널 브랜딩하라
- 세상에 '올바른 대답'은 없다
- 가설을 가지고 자기 입장을 명확히 한다
- 가설사고, 논점사고, 우뇌사고, 비즈니스 모델(플랫폼)
- 게임 체인지, 리더십, 패러다임의 전환, 기업 균형
- 경영자 육성, 운(감), 사외이사, 공유경제, 이노베이션
- 자동운전, EV, 이스라엘, MaaS, 블록체인, GAFA, AI
- 파워풀한 사례를 자유롭게 꺼낸다
- 정보의 흐름 속에서 디지털뿐 아니라 아날로그를 넣는다
- 아마추어가 가장 쉽게 이길 수 있는 것은 '정보를 찾기 위해 발

품을 파는 것'

- 정보 발신은 '수신자 의식'이 중요하다

MaaS란 Mobility as a Service의 약어로 철도, 버스, 비행기, 선박 등의 복수 공공 교통 기관, 이동 수단 중에서 최적의 조합을 즉시 선택해 일괄하여 예약, 결제를 할 수 있는 이동 서비스를 뜻합니다.

이 책의 후반부에는 '정보 수집 방식과 취급 방식'에 대해서 다음과 같은 포인트가 적혀 있어, 많은 참고가 되었습니다.

- 압도적으로 파워풀한 현장 '1차 정보'
- 방대한 자료를 단시간에 해독하는 '가설'과 '이상치'
- 나만의 정보원 '인맥 네트워크'
- 종이 매체의 이점은 아이디어의 원천이 되는 정보를 서랍에 쉽게 넣을 수 있다는 것
- 아웃풋에서 시작하는 독서로 최단기간에 정보를 손에 넣는다

다음의 조언으로 1의 정보에서 10의 대답을 끌어내는 프로의 기술인 '아웃풋 사고'를 정확하고 명확하게 익힐 수 있으며 실천할 수 있게 될 것입니다.

시간관리의 정석

5장 행복 실현

Realization of Well-being

도전을
그만두지
않는 것

○ #꿈 #목표 #행복한 업무 방식 #문제 해결 #삶의 보람 #인생의 미션

꿈을 이루는
법칙이 있다

5장에서는 장기적인 관점에서의 꿈과 목표의 달성, 삶의 보람, 인생의 미션을 찾아내고 행복을 실현하는 것, 그리고 이를 위한 시간관리법의 정석을 소개합니다.

이어지는 6장에서는 인생 100세 시대가 도래한 지금, 대부분의 현대인이 느낄 수 있는 인생 후반부의 변환점에 대해서 고찰합니다.

특별히 이 책의 후반 부분에 해당하는 5장, 6장은 모든 세대에 도움이 되는 내용을 전해드릴 것입니다. 먼저 5장에서는 다음과 같은 키워드에 초점을 맞춰 선택한 명저를 소개하고자 합니다.

- 꿈, 목표
- 행복하게 일하는 법
- 문제 해결
- 삶의 보람
- 인생의 미션

꿈을 이루는 업무의 힌트로 '성공 곡선' 그리기를 소개하고 설명하는 책《나만의 성공곡선을 그리자》[069]는 성공한 사람들의 공감을 이끌어낸 것으로 유명합니다.

우리는 들인 시간과 노력에 비례하는 속도로 효과를 보고 마침내 성공으로 향할 수 있을 것이라 기대합니다. 그렇지만 실제 성과는 이처럼 비례해서 오르기 쉽지 않습니다. 노력이 시작된 초기에는 좀처럼 결과가 나오지 않습니다. 이것이 이른바 '성공 곡선'의 형태입니다.

새로운 도전을 하고 노력을 계속하다 보면 처음에는 그 노력의 결과가 전혀 눈에 보이지 않지만, 그래도 포기

---

069   이시하라 아키라 저, 정택상 역, 중앙경제평론사, 2008

하지 않고 계속하면 어느 순간 성과가 나오는 순간이 찾아온다는 것이 성공 곡선입니다.

즉각 성과가 나오지 않아도 담담하게 노력을 계속해서 그것이 무의식중에 습관이 되면 어느 날 갑자기 브레이크 포인트가 나타나 한 번에 성과가 오르는 순간이 찾아옵니다. 예를 들어 영어 공부를 계속하다 어느 날 갑자기 영어가 들리게 되었다든가 꾸준한 악기 연습을 통해 어느 날 갑자기 어려운 곡을 잘 연주할 수 있게 된 경우 말입니다.

이시하라 씨는 시간이 지나면 오히려 상상도 못 할 정도로 큰 성과를 얻을 수 있게 된다는 것을 말하고 있습니다.

중요한 것은 아무리 좌절의 순간이 있더라도 몇 번이든 무조건 도전하는 것, 성공하기 위한 유일한 방법은 '도전을 그만두지 않는 것'입니다.

《꿈을 이룬 사람이 하고 있는 시간 기술》[070]은 젊

📚 **070**　夢をてに入れる人がやっている時間術, aya 저, 자유국민사, 2022

은 세대의 관점에서 '직장 생활 꿀팁'을 인스타그램 콘텐츠로 정리해 큰 관심을 끌었습니다. Aya 씨는 '일을 척척 잘할 수 있게 되는 루틴' 등 발상을 달리해 주변 사람들의 도움도 받으면서 업무의 속도와 질을 높여 나가는 비결을 소개하고 있습니다. 저도 공감하며 실천하고 있는 시간 기술은 다음과 같습니다.

- 나만의 메일 쓰기 규칙을 정한다
- 의견은 메모하여 작성한다
- 질문에 대한 대답은 템플릿화한다
- 서점에서 종이책을 구입한다
- 보이는 곳을 깨끗하게 한다
- 5W1H를 전달하고 부탁한다
- 반드시 결론부터 이야기하도록 노력한다
- 칭찬하는 말은 주저 없이 사용한다

새로운 도전을 하고 있으면 주어진 시간이 길게 느껴진다고 이야기하는 책이 《업무량도 납기일도 바꿀 수 없지만 체감 시간은 바꿀 수 있다》[071]입니다. 여기서는 시간과 사이좋게 지내기 위해 개인적으로 시간을 조정할 때

도움이 될 법한 인지심리학 그리고 생활 과학 지식과 아이디어를 소개하고 있습니다.

우리는 나이가 들면서 시간이 점점 더 빨리 흐르는 것처럼 느낍니다. 왜일까요? 19세기 프랑스 철학자 폴 자네가 주장한 '자네의 법칙'이라는 것이 있습니다. 나이가 들수록 시간이 더 빨리 흐르는 것처럼 느끼는 이유를 수학적으로 푼 것입니다. 예를 들어 10살 아이에게 최근 1년은 인생 전체의 10분의 1이지만 50살 어른에게 최근 1년은 인생 전체의 50분의 1이 됩니다. 그래서 순식간에 지나가는 것처럼 느껴진다는 것입니다. 10살 아이는 매일 무언가 새로운 체험과 발견을 하기 때문에 그만큼 매일 일어나는 일이 기억에 강력하게 남고 보람도 느낄 수 있습니다. 하지만 50살 어른은 새로운 것을 접할 일이 거의 없어서 기억에 남지도 않고 순식간에 시간이 흐르는 것처럼 느껴지는 것입니다. 어른에게는 매일 일어나는 50가지 사건 중 49가지는 이미 경험한 것이라서 인상에 남지 않

📖 071 仕事の量も期日も変えられないけど、体感時間は変えられる, 이치카와 마고토 저, 청춘출판사, 2022

습니다.

그럼 50살 어른이라도 체감 시간을 길게 느낄 수 있을까요? 간단합니다. 어린아이처럼 새로운 일에 도전하면 됩니다. 이때 이치카와 씨는 버킷 리스트를 만들어 자신이 하고 싶은 일을 정리해 보는 것을 추천합니다. 실패하지 않는 인생보다 실패해도 자신의 의지로 '길'을 선택하는 인생을 느껴보세요.

시간 그 자체는 변하지 않습니다. 《세상의 모든 시간》[072]에서도 오로지 자기가 느끼는대로 1시간이 길게도 짧게도 느껴진다는 메시지를 전하고 있습니다. 그리고 그 요인을 고찰하며 시간이란 감각이라는 것을 과학적으로 설명합니다.

베스트셀러 작가 햐쿠타 나오키 씨가 시간에 대해서 깊이 있게 이야기하는 《성공은 시간이 100%》[073]에는 흥미로운 메시지가 상당히 많습니다. 햐쿠타 씨는 인생의

---

072 리사 브로더릭 저, 장은재 역, 라의눈, 2024

073 成功は時間が10割, 햐쿠타 나오키 저, 신초샤, 2022

성공한 사람이란 시간을 정복한 사람이며 그는 바로 알찬 시간을 얻은 자라고 말합니다.

앞서 소개했던 인사이트와의 공통점은 '시간'이란 사람이 느끼는 방식이며 마음으로 정해지는 것이라는 점입니다. 이것을 다음과 같은 메시지로 제시합니다.

- 시간의 길이는 마음으로 정해진다
- 연령에 따라 시간 흐름의 속도가 달라진다
- 중년 이후의 인생이 짧다고 느끼는 것은 ①시간의 비율이 다르고 ②감동과 놀라움이 줄어들기 때문이다
- 즐거운 시간의 길이가 인생의 길이
- 노력하는 사람은 시간 배분을 잘하는 사람
- 언어는 인류가 '시간'을 넘어서기 위해 만들어졌다
- 성공을 바란다면 '지금 해야 할 일'을 지금 하자
- 미래의 인생은 예측 가능하다

행복한 업무 방식은
효율을 올린다

인간의 행복, 번영, 긍정적 경험을 연구하는 포지티브 심리학 연구를 거듭해 '행복학'의 제1인자로 불리는 게이오대학교 대학원 교수, 마에노 다카시가 쓴《행복하게 일하기 위한 30가지 습관》[074]에서는 행복한 직원은 창조성, 생산성이 모두 높다고 밝히고 있습니다.

마에노 씨에 따르면 우리가 매일 건강에 신경 쓰는 것처럼 행복에도 신경을 써야 합니다. 그리고 구체적으로 행복에 신경 쓴다는 관점에서 하면 좋은 일을 모두 30가지 습관으로 정리해 소개하고 있습니다. 저 역시 실천하

[074] 幸せに働くための30の習慣, 마에노 다카시 저, 빠루출판, 2023

고 있는 습관이자 창조성과 생산성이 향상되는 효과를 느꼈던 것은 다음 것들입니다.

- 웃음은 행복 지수를 높이는 가장 쉽고 간단한 방법
- 자연을 접하고 감성을 키운다
- 싫은 일을 긍정적으로 바꾼다
- 감사의 이유를 덧붙인다
- 두근거리는 일을 100개 적는다
- 호기심 스위치를 누르고 상대의 이야기를 듣고, 내 이야기를 오픈한다
- 상품에 관여한 사람의 마음, 고집, 스토리를 안다
- '성장'과 '공헌'을 의식한 목표를 스스로 결정한다
- 노동 시간보다 '스트레스 없이 일할 수 있는지'에 집중한다

행복과 성과를 동시에 끌어당기는 새로운 업무 방식을 소개하는 《새로운 업무 방식 : 행복과 성과를 양립시키는 모던 워크 스타일의 추천》[075]을 소개합니다. 저자인 코시카와 씨는 전 일본 마이크로소프트 업무 집행 임원이며 현재는 주3일제를 실현하고 있는 창업가입니다.

그는 시간, 장소, 회사에 구애받지 않는 업무 방식을

제안하며 이것이야말로 변화에 대응해서 진화하는 업무 방식이라고 설명합니다.

일본 마이크로소프트에서는 신종 코로나바이러스가 발생하기 전부터 기존의 재택근무 제도에서 제약을 모두 없앤 새로운 '텔레워크 근무제도'를 도입했습니다. 그 결과 사업의 생산성은 26% 상승, 여성의 이직률은 40% 감소, 종이 서류 49% 삭감, 워크-라이프 밸런스 만족도 40% 향상 등 눈부신 성과를 올리고 있습니다.

코시카와 씨는 이런 업무 방식의 도입을 진행하는 기반이 된 격언을 소개하고 있는데 제게도 도움이 된 것을 몇 가지 설명하고자 합니다.

- 불확실성 리스크를 질 수 있느냐 없느냐에 따라서 스피드가 정해진다
- 100%의 정보보다 즉각 실행하기
- 설명보다 제안
- 멤버의 성공이 리더의 성공

📚 075　新しい働き方 幸せと成果を両立する「モダンワークスタイル」のすすめ, 코시카와 신지 저, 고단샤, 2016

- 건강을 최고 우선 순위로 정하라

- 목표를 의식하면서 오늘을 보낸다

부가가치에
높은 성과가 따른다

고객을 행복하게 하는 포인트로서의 부가가치에 초점을 맞추고 있는《부가가치 : 더 적게 일하고 더 많이 버는, 키엔스 성공의 공식》📖[076]입니다. 이는 일본 고수익 기업 키엔스가 높은 성과를 낳는 부가가치를 만들기 위한 과정을 Chat GPT로 '완전 카피하는 법'을 소개하고 있습니다.

저자인 타지리 씨는 과거 주식회사 키엔스에서 컨설팅 엔지니어로 일하면서 기술 지원, 주요 고객을 담당했습니다. 그래서 고객의 문제 해결을 중심으로 하는 부가

📖 **076**　付加価値のつくりかた キーエンス出身の著者が仕事の悩みをすべて解決する「付加価値のノウハウ」を体系化, 타지리 노조무 저, 간키출판, 2022

시간관리의 정석

가치 제공 비즈니스 모델에 정통한 사람입니다.

이 책은 부가가치 제공의 사고법에 Chat GPT의 활용을 더한 업무의 진행 방식을 구체적으로 소개, 해설하고 있어 많은 참고가 됩니다.

특히 흥미로운 것은 고객 자신이 깨닫지 못하고 있는 잠재적인 '요구'를 찾아내어 '부가가치'로 제안하는 기술입니다. 주요 포인트는 다음과 같습니다.

- 부가가치란 사람을 편하게 하는 것
- 돈과 시간 약속을 지킨다
- '그것은 무엇을 위해서?'라고 질문한다
- 시장에 있는 정보, 지식을 흡수해서 체계화한다
- 가설을 세워 고속으로 PDCA 사이클을 돌린다

《비즈니스 엘리트가 되기 위한 투자가의 사고법》[077]은 모든 경제 활동은 고객의 문제를 해결하는 것이라고 이야기합니다. 여기에는 고객에게 제공하는 부가가치를

---

[077] ビジネスエリートになるための投資家の思考法, 오쿠노 가즈시게 저, 다이아몬드사, 2022

중시하는 키엔스의 사례가 소개되어 있으며 특히 부가가
치가 높은 사업을 하는 회사가 높은 월급을 지급할 수 있
다고 설명합니다.

즉 일 잘하는 사람이란 고객에게 부가가치를 제공할
수 있는 사람이며 그런 기업이 기업 가치를 높여서 주가
도 오르게 한다는 것입니다. 이런 투자가의 사고법을 갖
기 위해서 저자는 다양한 시점에서 메시지를 남겼습니다.
그중에서도 제가 실천하고 있는 것은 다음과 같습니다.

- 문제 해결은 점점 더 복잡해지고 있다
- 돈은 '고맙다'는 증표
- 고객에게 부가가치를 특정하고 경쟁 우위성을 가질 것
- 사업의 경제성이란 ①부가가치 ②경쟁 우위성 ③장기조류
- 산업 밸류 체인의 스마일 커브를 이해한다
- 기업은 일하는 사람을 위한 장소가 아니라 고객의 문제를 해결
  하는 장소
- 중요한 20%를 특정할 수 있다면 중요하지 않은 80%를 버릴
  수 있다
- 젊은 사람은 '시간'이라는 중요한 자산을 갖고 있다
- 이익은 고객, 사회의 문제를 해결한다

시간관리의 정석

산업 밸류 체인의 스마일 커브란 핸드폰의 경우를 생각하면 됩니다. 핸드폰이 소비자에게 도달하기까지의 공정을 살펴보면 기획 설계, 원자재 조달, 부품 제조, 조립 가공, 완성품 검수, 판매까지 부가가치의 연쇄(이것을 '산업 밸류 체인'이라고 부릅니다)가 나타납니다. 그래프로 살펴보면 공정의 추이를 가로축으로, 각 공정에서의 부가가치의 크기를 세로축으로 놓고, 기획 설계 공정과 판매 공정에서는 부가가치가 크고, 중간 공정(원자재 조달~완성품 체크)의 부가가치는 상대적으로 적습니다. 이것을 곡선으로 나타냈을 때, 웃고 있는 입 모양과 닮았다고 해서 '스마일 커브'라고 부릅니다. 즉, 비즈니스 과정으로 생각하면 기획 설계(iPhone에서는 애플이 담당) 및 판매(애플스토어가 담당)에 가장 큰 이익이 발생하게 됩니다.

문제 해결 과정을 상세히 설명하고 있는 《완전한 문제 해결 : 모든 것을 바꾸는 원 스킬》📖[078]을 소개합니다. 이 책에서는 저자들이 맥킨지앤컴퍼니에서 오랜 세월 실천해 실적을 냈던 방법론을 응용해 기존에는 없던 문제 해결의 체계적인 과정을 설명합니다.

현대 사회에서 가장 필요한 스킬인, 문제 해결에서

결정적으로 중요한 일곱 가지 질문은 다음과 같습니다.

1. 의사결정자의 수요를 충족시키기 위해서 어떤 식으로 문제를 정확히 정의할 것인가?
2. 어떻게 문제를 분해하고 검토해야 할 가설을 세울 것인가?
3. 해야 할 일, 하지 않아야 할 일의 우선순위를 어떤 식으로 매길 것인가?
4. 어떻게 작업 계획을 책정하고 분석 작업을 할당할 것인가?
5. 인지 편향(Cognitvie bias)을 피하면서 어떻게 문제 해결을 위한 사실 수집과 분석을 정할 것인가?
6. 통찰을 꺼내기 위해서 어떻게 조사 결과를 통합할 것인가?
7. 어떻게 설득력이 있는 형태로 전달할 것인가?

중요한 일곱 가지 질문 중 밑줄 그은 부분만 떼서 나열한 것이 다음과 같은 '완전무결 7단계'입니다. 실제로 이것은 수많은 기업에서 '문제 해결의 공식'으로 사용되고 있는 방식입니다.

📖 **078** Bulletproof Problem Solving : The One Skill That Changes Everything, 찰스 콘, 로버트 맥린 공저, Wiley, 2019

1. 문제를 정의한다

2. 문제를 분해한다

3. 우선순위를 매긴다

4. 작업 계획을 세운다

5. 분석한다

6. 분석 결과를 통합한다

7. 스토리로 이야기한다

이 책은 맥킨지에서 가장 많이 읽힌 '전설의 사내 자료'를 책으로 출간한 것으로, 문제 해결의 왕도를 알 수 있습니다.

행복지수를 결정하는
타임 퍼포먼스

타임 퍼포먼스란 효율적인 시간 사용법을 나타내는 요즘 말입니다. 우리나라에서는 '가성비'라는 표현으로 쓰이기도 합니다. 또한 이를 중시하는 세대를 나타내는 말로도 쓰입니다. 행복한 인생을 위한 타임 퍼포먼스에 대해 쓴《일도 사랑도 모두 성공한다! 카츠마식 타임 퍼포먼스를 높이는 습관》📖 [079]에서는 인생 전체에서 타임 퍼포먼스를 잘하는 일이 그 사람의 행복 지수를 결정한다고 주장합니다.

따라서 저자는 늘 타임 퍼포먼스를 신경 써야 하며

📖 **079**   仕事も人生もうまくいく！勝間式タイムパフォーマンスを上げる智慣, 카츠마 카즈요 저, 타카라시마사, 2023

그것을 위한 조언을 하고 있습니다. 그중에서 제가 실천하고 있는 것은 다음과 같습니다.

- 시간 할인율이 높은 음주는 그만둔다
- 운동은 시간 할인율이 낮다
- 달러 코스트 평균법을 응용해 매일 하루의 20%를 미래를 위해 투자한다
- 독서는 시간의 투자
- '일곱 가지 습관'에서 배우고, 최우선 사항을 우선한다
- 시간관리에 건강은 중요하다
- 이동은 대중교통과 도보를 이용한다
- 자기 전에 '시간의 재고 조사'를 한다
- 틈새 독서법 추천

책을 읽으면 행복한 인생에 도움이 된다는 내용을 담은 《지식을 조종하는 초독서술》[080]도 주목할 만합니다. 이 책에서는 평범한 사람보다 50배 이상의 지적 생산성을 익히기 위해 다음 세 가지로 구성된 '지식을 조종하는

📖 080 知識を操る超読書術, 멘탈리스트 다이고 저, 간키출판, 2019

시간관리의 정석

독서 사이클'의 실천을 권장합니다.

1. 책 읽을 준비를 한다

2. 책 읽는 방법을 안다

3. 책에서 얻은 지식을 아웃풋한다

특히 아웃풋은 중요합니다. 또한 이해력과 기억력을 높이는 다섯 가지 독서 방식으로 다음과 같은 독서법 또한 소개하고 있습니다. 저는 모두 실천하고 있는 독서법입니다.

- '예측' 독서 → Predicting

- '시각화' 독서 → Visualizing

- '연결' 독서 → Connecting

- '요약' 독서 → Summaraizing

- '질문' 독서 → Questioning

닛세기초연구소 생활연구부 연구원 히로세 료 씨가 쓴 《시간 효율의 경제학》[081]은 타임 퍼포먼스의 정의를 정리하고 현대인들의 소비 행태를 고찰하고 있습니다. 여기서는 타임 퍼포먼스에는 세 가지 정의(시간 효율의 성질)가 있다고 말합니다.

1. 시간 효율
2. 소비 결과에 따라 들인 시간이 평가된다
3. 수고를 들이지 않고 어떠한 상태가 되는 것

이 세 가지 성질 중에 현대 소비 사회는 주로 1의 '시간 효율'과 3의 '수고를 들이지 않고 어떠한 상태가 되는 것'을 추구한다는 분석 결과가 있습니다. 그 이유는 우리의 소비가 '반드시 필요하지는 않은 소비' 중심이면서 이와 동시에 '외부의 자극을 받아서 하는 소비'가 늘고 있기 때문입니다. 외부 자극을 받아 필요 없는데도 사게 되는 소비를 '물욕 소비'라 부릅니다, 이건 영화의 하이라이트 보기, 동영상 빨리 감기 시청 등, 콘텐츠가 소화되는 형태처럼 시간 효율을 추구하는 소비와 같습니다.

하지만 원래 우리에겐 소비한 사용 가치에 따라 정신적인 충족으로 이어지는 소비라는 것이 있었습니다. 중

📖 081　タイパの経済学, 히로세 료 저, 환동사, 2023

요한 기념일, 소중한 사람과 보내는 시간, 나 자신이 유일무이한 가치로 느껴지는 소비, 마음을 만족시키는 소비가 그 예입니다. 이런 소비의 타임 퍼포먼스가 바로 2번의 '소비 결과에 따라 들인 시간이 평가되는 것'을 말합니다.

하지만 타인의 SNS 게시물 및 '물욕 소비'에 쫓기면서 우리는 '정신적 충족으로 이어지는 소비'까지도 1이나 3처럼 소비 효율을 따지게 되었다는 것입니다.

히료세 씨는 말합니다. 정말로 당신을 충족시키는 것은 물욕 소비가 아니라고 말이죠. 그리고 당신이 갖고 싶은 것은 당신만 알고 있고 당신밖에 모르기에 자신에게 진정 필요한 것을 찾으려면 이른바 시간 효율과 가성비를 따지면서 소비의 효율화를 추구해야 합니다. 그것이 현대 소비 사회를 잘 헤쳐나가기 위한 기술입니다. 우리는 뭐든지 시간 효율과 가성비를 따지는 건 합리적이기는 해도 너무 멋이 없다고 생각하곤 합니다. 하지만 효율성과 합리성을 중시하고 소비 내용이 간소해지면 즐거움이 줄어드는 상황에도 불안하지 않습니다. 실제로 자신이 즐겁다고 생각할 수 있는 소비, 내가 힐링이 되는 소비는 중요하게 생각되는 것 또한 제게도 공감이 되는 내용입니다.

일 잘하는 사람이
되기 위해서는

일 잘하는 사람이 되기 위한 단계를 알기 쉽게 소개하는 《일 잘하는 사람이 보이지 않는 곳에서 반드시 하는 것》⟫[082]입니다. 이 책은 실행력, 특히 아웃풋에 초점을 맞추고 '인생을 바꾸는 여섯 가지' 포인트를 들고 있습니다.

1. 작은 습관 만들기

2. 다음 습관에 도전

3. 좌절하면 다음 습관을 설정

4. 남 탓을 하지 않는다

5. 남을 친절하게 대할 것

[082] 아다치 유아 저, 김양희 역, 동양북스, 2024

6. 인생을 바꾸려는 의지를 가질 것

아다치 씨는 다양한 관점에서 일 잘하는 사람이 되기 위한 행동을 제시합니다. 이중 제가 실천해보고 특히 중요하다고 느낀 것을 엄선해서 소개합니다.

- 아웃풋을 중심으로 스킬 업하기
- 인생은 유한하므로 용기를 가지고 목표를 정하기
- 노력하면 인생을 불안하지 않게 보낼 수 있다
- 인생의 귀중한 시간을 낭비하지 않기
- 대화의 비결 두 가지 ①상대가 말하고 싶은 것 들어주기 ②상대가 듣고 싶어 하는 것을 이야기하기
- 상대의 취미, 좋아하는 것을 듣는 것이 소통의 비결
- 부업은 '돈을 버는 연습', 고심하고 수정해서 계속할 수 있는 힘 기르기
- 솔선해서 행동하고 시도와 실패를 반복하기
- 성과를 냈을 때는 '운이 좋았을 뿐'이라고 생각하기
- 일은 '자유'를 손에 넣고 독립하기 위해서 하는 것이다

다음은 아무것도 모르는 채 첫 직장 생활을 시작했던

시간관리의 정석

20, 30대 직장인들을 위해 준비했습니다. 제목 그대로 '업무 방식'의 교실이라고 할 수 있는《지푸라기를 들고 여행을 떠나자 : "전설의 인사부장"이 알려주는 '업무 방식' 교실》[083]입니다. 여기서는 '부가가치'와 '전략적 업무 방식'에 대해 알기 쉽게 설명하고 있습니다.

또한 여기서는 신입사원 연수라는 가상의 상황을 우화형식으로 설정해 젊은 직장인에게 다양한 메시지를 보내고 있습니다. 저도 강력하게 공감을 느낀 포인트는 다음과 같습니다.

- 본인이 자신 있는 분야를 전략적으로 생각해야 한다
- 전략적 = 시간 축의 길이 × 논점의 양
- 노력의 두 종류 : ①분야를 선택하는 노력과 ②그 분야에서 열심히 하는 노력
- '분위기'에 지지 않도록 '논리'를 단련해야 한다
- 진정한 대의는 '어떤 세계를 실현하고 싶은가'라는 세계관을 기

📖 **083** 藁を手に旅に出よう"伝説の人事部長"による働き方の教室, 아라키 히로유키 저, 문예춘추, 2020

반으로 한다

- 프레젠테이션은 '목적'과 '상대' 사이에 있는 갭을 채우기 위한 '수단'
- 마케팅의 본질은 상대의 '수요'를 생각하고, 만들어내는 일
- 상대의 수요와 목적은 추상적이라서 떠올리기 어렵다
- 부가가치의 여부를 정하는 것은 상대방으로, 내 마음대로 정할 수 없다
- 수요가 있는 곳으로 가면 가치는 높아진다
- 내 인생은 내가 정한다는 각오로 인생의 주도권을 놓지 않는다

전략적인 업무 방식과 커리어 형성의 포인트를 알 수 있는 책이므로 추천합니다.

'행복 실현'에서
가장 추천하는 한 권

칼럼 5

《목표나 꿈을 달성할 수 있는 1년 1개월 1주일 1일의
시간 기술 : 목표를 세워도 좀처럼
행동으로 옮기지 못하는 고민을 해결합니다!》 📖 084

요시타케 아사코 저, 간키출판, 2023

이 책은 하고 싶은 일, 또는 도전하고 싶은 목표와 꿈을 이루기 위해 어떻게 행동하고, 그 행동을 어떻게 지속해야 하는지를 소개합니다.

저자인 요시타케 아사코 씨는 대학 졸업 후, 여행회사에서 근무하다 26살에 한국에서 유학 생활 후 현지 법인 캐스팅 디렉터로서 24시간

📖 **084** 目標や夢が達成できる 1年・1カ月・1週間・1日の時間術 目標を立てても、なかなか行動に移せない…そんな悩みを解決します！

365일을 일에 쫓기면서 살았습니다.

일본으로 돌아간 그는 '타임 코디네이터' 기술을 고안해 3,000명 이상을 지도했고, 현재는 '마음이 편안해지는 시간관리법'으로 원하는 미래를 손에 넣기 위한 '타임 코디네이터 실천 프로그램'과 '타임 코디네이터 양성 강좌'를 주최하는 '주식회사 타임코디네이트'의 대표이사를 맡고 있습니다.

그가 주장하고 있는 콘셉트는 '비전에서 장기 목표로, 장기 목표에서 단기 목표로, 단기 목표에서 오늘 할 일로'라는 시간 분배 기술입니다.

저자는 목표 달성은 계획이 80%라고 설명하며 목표 달성에 필요한 세 가지 요소를 다음과 같이 제시합니다.

1. 너무나 달성하고 싶은 목표
2. 실행 가능한 계획
3. 미래를 바꾸는 지금 당장의 행동

즉, 열정이 있는 목표를 가질 것. 그것을 실행 가능한 계획에 끼워 넣을 것. 넣은 후에는 즉시 실행해 미래를 바꾸는 것. 이 세 가지가 모두 세트가 되어야 합니다.

시간관리의 정석

그리고 이것이 이 책의 가장 중요한 부분으로 비전, 장기 목표, 중기 목표, 단기 목표, 눈앞의 목표가 모두 연결되어 있어야 합니다.

하지만 '해야 한다'라는 ①의무적인 마인드 ②너무 안이한 견적 시간 ③너무 거대한 업무, 이 세 가지는 조심해야 합니다. 행동 계획의 정밀도는 80% 정도로 만들고, 목적의식과 객관적 관점을 가지고 행동하기 쉬운 계획을 세우는 것이 좋습니다.

요시타케 씨는 인생이란 것은 일상의 시간이 축적되어 만들어지는 것이라고 이야기합니다. 즉 보람 있는 인생을 만들려고 시간관리법에만 얽매여 단순히 일을 계획대로 진행하는 것에만 집중하는 것을 경계해야 하는 것이죠. 그리고 인생 전체를 놓고 봤을 때 효율성을 고려하면서 원하는 미래를 손에 넣는 것이 바로 '타임 코디네이트'라는 사고법입니다.

그리고 장기 목표(1년 목표), 3개월 목표, 한 달 목표, 1주일 목표, 1일 목표로 나누어 다음과 같은 포인트에 유의해야 한다고 소개합니다.

- 비전은 가치관을 적는 것
- 장기 목표는 얻고 싶은 결과를 적는 것
- 1년 후에 초점을 맞춰 '1년 목표' 적기
- 신년 목표는 90% 잊어버린다
- 1년 안에 할 수 있는 일을 과대평가하지 않기

- 10년 안에 할 수 있는 일을 과소평가하지 않기
- 목표를 세우면 나중으로 미루지 않고 시대의 흐름을 보라
- 1년 목표를 실현하기 쉬운 3개월 목표로 분해하기
- 처음 3개월은 딱히 어렵지 않은 목표로 하기
- 목표 및 계획은 움직이면서 수정하기
- 이상적인 하루와 현실의 갭을 파악하기
- 긴급하진 않지만 중요한 것을 최대한 빨리하기
- 목표 및 꿈을 향한 시간을 우선적으로 확보하기
- 해야 할 업무를 사전에 준비해두기
- 아침에 제일 먼저 목표 및 꿈에 직결되는 일을 하기
- 계획이 잘 진행되지 않을 때는 ①목표 ②시간 ③행동의 세 가지 시점에서 원인을 찾기
- 여백 시간을 소중히 여기기
- 중요한 때에 결단을 내릴 수 있도록 미리 습관화하기
- 수면, 식사, 운동 시간을 꼭 확보하기
- 이 장소에서 이것을 한다는 두근거림을 가득 담아서 여러 가지 행동을 한번에 하기
- 미래를 바꾸는 것은 '지금'의 행동
- 매일, 1주일에 1번, 한 달에 1번, 3개월에 한 번, 되돌아보는 시간을 갖기
- 되돌아볼 세 가지 항목: ①성과 ②개선 ③내려놓기(버리기, 맡기기, 완화하기)

그는 결과를 낼 수 있는 사람과 낼 수 없는 사람의 차이에 대해 묻습니다. 사실 그것은 도중에 포기하느냐 안 하느냐의 차이입니다. 즉 지속하는 것이 해답의 열쇠인 셈이죠. 타임 코디네이트의 기본은 시간을 기분 좋게 사용하는 것임을 잊지 않아야 합니다.

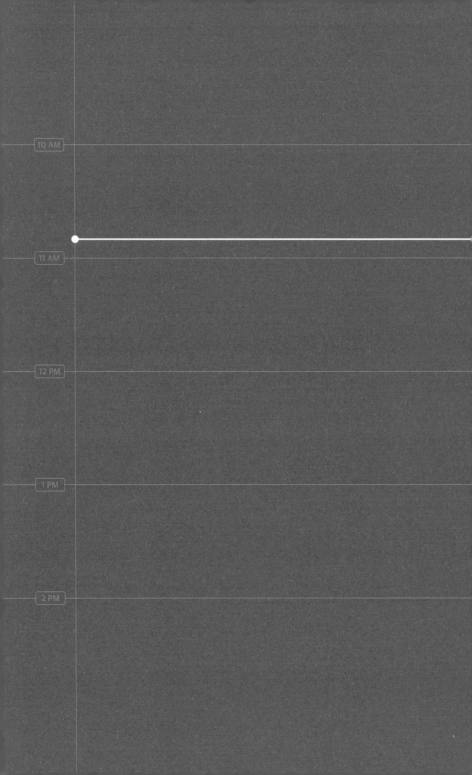

6장 인생의 변환점
Life Shift

또 다른
시작

○ #인생설계 #인생의 후반 #생애 현역 #생애 공헌

인생은
유한한 시간이다

이어 6장에서 소개할 책들도 장기적인 관점에서 전하는 메시지를 담고 있습니다. 100세 시대에 주목받는 인생의 변환점 전략, 인생 후반의 삶, 평생 현역의 삶 등이 그 내용입니다. 사회에서 역할을 가지고 사회생활을 지속하면서 누군가에게 도움을 주는 인생의 시기를 '공헌 수명'이라고 하는데, 관련된 내용도 담았습니다.

인생은 시간관리 그 자체입니다. 평균 수명이 늘어나면서 평생 실현할 수 있는 일의 선택지도 늘어나지만 한편으로는 인생의 후반부를 보내는 방식에 큰 격차도 생겨나고 있는 것이 사실입니다.

건강하게 오래 살면서 사회에서 역할을 맡아 현역으

로 활동하는 고연령자가 늘고 있는 한편, 치매 및 자리보전으로 병원에서 장기간 지내는 고령자도 늘고 있습니다. 죽는 순간에 '좋은 인생이었다'라고 생각할 수 있는 것은 그 순간까지의 시간관리법에 달려있는 것 아닐까요?

인생은 결국 시간관리가 쌓여서 이뤄지는 것이며 유한한 시간을 어떻게 사용하냐에 따라 인생이 달라진다고 주장하는 《Time is not MONEY》[085]도 같은 메시지를 담고 있습니다. 한정된 시간과 범람하는 정보를 효율적으로 선별하려면 '창조 리터러시'와 '금융 리터러시'를 가져야 합니다. 그리고 그것을 어떻게 하면 얻을 수 있을지 알려줍니다.

돈보다 중요한 것은 시간이라는 메시지를 기반으로 시간이 곧 인생이라는 다음 포인트를 제시하고 있습니다.

- 시간 대비 효율을 올리기 위해 '선택과 집중'을 하자
- 미디어 리터러시란 범람하는 정보를 선택해서 직접 생각하고 미래를 창조하는 힘

[085] タイムイズノットマネー, 후루가와 아츠시 저, G.B, 2023

시간관리의 정석

- 이 세상에 일어나는 일은 모두 필연이자 필요한 것이며 베스트 타이밍에 일어난다
- 호기심을 가지고 예측하면 보다 좋은 미래를 발견할 수 있다
- 인생에서 가장 중요한 것은 시간이다
- 운동과 지식이 최고다. 일단은 행동하라. 그리고 다음으로 독서하라
- 선택과 집중으로 시간을 아군으로 만든다
- 미래의 결승점, 미래의 나를 상상하며 백캐스팅 사고법으로 생각하라
- 인생은 선택의 연속이다
- 대부분의 부자는 뇌를 쓰는 일, 독서 습관이 있다
- 정보를 선택하기 위해서는 지식을 갖고 있거나 현명하게 사고해야 한다
- 온화근면 → 온화한 맘으로 정보를 읽고 해석하며 생각하며 갈고닦기
- 예의 바른 사람은 주변에 사람이 많고 출세가 빠르다
- 개인의 강점, 나 자신의 무기를 갈고닦는다
- '널리' 큰 바다를 알고, '깊게' 하늘의 세계를 알자
- 창조력은 상상력, Think differrent!
- 당신이 가진 인생의 의의는 얼마나 많은 사람에게 좋은 영향을

미쳤는지 생각해보자

- 생각하면서 행동한다
- 창조력 중에서 가장 중요한 요소는 '행동'
- 하고 싶은 일을 21일 동안 열심히 하면 습관이 된다
- 퍼스트 펭귄이 되어라
- 인생의 가장 위대한 사용법은 인생이 끝나도 아직 계속되는 무언가를 위해서 인생을 사용하는 것
- 돈은 목적이 아니라 수단이다
- 머릿속의 생각이 그 사람의 인생을 만든다
- 돈에서 얻을 수 있는 최고의 배당은 선택지가 많아지고 시간과 자유를 얻을 수 있는 것
- 나만의 비즈니스 즉 '나만의 희소성'을 가질 것
- 시간과 돈은 트레이드 오프지만 시간을 희생해선 안 된다
- 투자는 지식을 갈고닦음으로써 리턴의 확률을 높이고 돈을 일하게 만드는 유일한 수단이다
- 인생의 희망이란 '나보다도 중요한 존재가 생기는 것'
- 희망은 꿈에서 만들어진다
- 교육 → 나에게 하는 투자 = 정보를 선택하고, 지식으로 무기를 갈고닦는다
- 근로 → 살아있다 = 열심히 일한다

- 납세 → 다른 사람을 위해서 행동한다 = 규칙을 알고 지혜롭게 산다

이 글에서의 포인트는 유한한 시간을 어떻게 사용할지에 대한 메시지로, 다른 많은 곳에서도 공통적으로 많이 언급하는 내용입니다. 후루가와 씨는 특히 돈을 만들어내면 인생의 선택지가 늘어나 자유로워지므로 '금융 리터러시'가 중요하다고 말합니다. 그리고 또 하나, 돈을 만들어내기 위해서는 새로운 것을 창출하는 '창조 리터러시'를 익혀야 한다는 것. 창조 리터러시를 높이기 위해서 독서, 행동, 사고라는 수단을, 몇 번이나 강조하고 있습니다. 생각하면서 행동하라는 '고동(考動)'이라는 표현도 나오는데, 이것은 저자가 만든 조어입니다. 그만큼 시간관리법이 인생에 큰 영향을 준다는 것을 전하고 싶은 것입니다.

《4000주 : 영원히 살 수 없는 우리 모두를 위한 시간 관리법》[086]도 같은 이야기를 강조하고 있습니다. 인간

[086] 올리버 버크먼 저, 이윤진 역, 21세기북스, 2022

이 80세까지 산다고 했을 때 4,000주밖에 없는 우리들의 한정된 시간에 대해서 시간을 최대한 유용하게 사용하는 방법을 담고 있습니다.

저자인 올리버 버크먼 씨는 영국 가디언의 기자이며 외국인 기자 클럽(FPA)의 젊은 저널리스트상을 수상한 재능있는 인물입니다. 가디언에는 매주 심리학에 관한 인기 칼럼을 연재하고 있습니다.

효율을 올릴수록 바빠지고, 업무를 빠르게 끝낼수록 더 많은 업무가 쌓이는 현실의 문제 의식을 느낀 그는 우리는 왜 매번 시간에 쫓기는지, 효율을 위해 사용하는 툴이 오히려 역효과를 가져오는 건 아닌지 그 이유를 고찰하면서 다음과 같은 포인트를 지적합니다.

- 지금을 계속 희생하면 중요한 것을 잃어버리게 된다
- 생각대로 되지 않는 인생은 유일한 찬스다
- 현실을 깨닫는 일은 다른 무엇보다도 효과적인 시간관리 기술이다
- 한계를 받아들이고 '아무것도 할 수 없다'는 것을 인정할 것
- 효율화 툴은 업무를 늘리는 일이 되므로 오히려 역효과가 날 수

시간관리의 정석

있다

- '더 효율적으로 하면 이렇게 시간에 쫓기지 않을 텐데'라는 희망 버리기
- 인터넷은 하고 싶은 일을 무한히 늘리려고 한다
- 모든 것을 체험하는 것은 불가능하다

이것들은 대략 이 정도로 생각하는 편이 좋다는, 시간에 쫓기지 않기 위한 마음가짐이며 저도 늘 명심하고 있는 내용들입니다.

그럼 대체 어떻게 하면 시간에 쫓기지 않는 인생을 살 수 있을까요? 가능성이 적다고 생각하거나 내 안에 적을 경계하거나 시간과의 전투에서는 이길 수가 없다는 각오를 하라 등 저자 나름대로의 처방전을 내리고 있습니다.

제가 실천하고 있는 포인트는 다음과 같습니다.

- 업무를 요령 있게 줄인다
- 완벽주의자는 이것도 저것도 못한다
- 선택지는 적은 편이 좋다

- 시간과 마찬가지로 주의력에도 한계가 있다
- 유한한 인생을 보람 있게 살기 위해서는 자기 안에 숨어 있는 골치 아픈 적을 유의하라
- 어떤 미래를 걱정하더라도 시간과의 싸움에서 이길 수 없다
- 오늘 걱정되는 일은 오늘 걱정할 것. 내일까지 걱정할 필요는 없다
- 인생에는 '지금'밖에 없다
- '나는 지금 여기 있다'라는 사실을 깨달을 것
- 여가를 '쓸데없이' 보내는 일이야말로 여가를 낭비하지 않기 위한 유일한 방법
- 무언가를 위해 하지 말 것
- 외부에서 정해주는 시간관리법이 있다면 사람은 안심하고 생활할 수 있다
- 자신의 존재를 과대평가하면 '시간을 잘 관리하는' 기준이 높아져 버린다
- '그 방법 밖에 없다'고 느껴지는 일을 하라

시간의 유한성을 받아들입시다. 올리버 씨는 그것을 위해서 어떤 마음가짐으로 살아야 하는지, 어떤 말을 나 자신에게 해주면 좋은지를 알려줍니다. 분명히 위와 같이

생각하면 우리는 한정된 시간을 어떤 마음으로 보내고 어떻게 활용하면 좋을지를 알게 될 것이고, 마침내 마음의 안정을 되찾을 수 있을 것입니다.

인생은
단순하게 설계하라

이번에는 한정된 시간이기 때문에 인생을 단순하고 합리적으로 설계해야 한다고 이야기하는 책《심플하고 합리적인 인생설계》[087]입니다. 저자인 타치바나 씨는 복잡하게 변화하는 세상에서 살기 위한 지혜를 다양한 각도에서 제안하는 베스트셀러 책을 계속 출간하는 인기 작가입니다.

이는 지금까지 저자가 말한 내용의 집대성이라 할 수 있는 인생 설계 기술을 전수해 줍니다. 자유로운 인생과 행복을 위해서는 인생의 기반이 되는 세 가지 자본, 즉

---

[087]　シンプルで合理的な人生設計, 타치바나 아키라 저, 다이아몬드사, 2023

'사회자본, 인적자본, 금융자본'을 합리적으로 선택하는 것이 중요합니다.

사회자본이란 사람과 관계를 맺는 것입니다. 구체적으로는 위급한 순간에 의지할 수 있는, 도움을 받을 수 있는 가족, 친구, 동료가 있겠죠. 인맥 형성 기술이라고도 말할 수 있겠습니다. 인적자본이란 나의 노동력을 제공하고 돈을 버는 것을 말합니다. 어떤 식으로 일하고 돈을 벌 것인가, 돈을 벌기 위한 무기를 어떻게 키울 것인가에 대해 생각해 본 적이 있나요? 커리어 형성 스킬이라고도 말할 수 있겠습니다. 마지막으로 금융자본은 돈을 굴리는 것입니다. 투자 및 자산운용 리터러시를 가리키는 것이며 자산 형성 기술이라고 할 수 있습니다.

인생의 토대가 되는 '사회자본, 인적자본, 금융자본', 이 세 가지 자본을 조화롭게 구축할 수 있는 사람이 성공할 수 있으며 행복한 인생을 보낼 수 있다고 저자는 말합니다. 하지만 이 모든 것을 동시에 획득하는 것은 어렵고, 선택을 해야 하는 경우도 많기 때문에 우리는 가급적이면 합리적인 선택을 하면서 인생의 기반을 설계해 나가야 합니다.

이 책의 결론은 나의 성향, 개성에 맞게 인생의 기반을 설계해야 한다는 것입니다. 이를 위해 합리적인 선택을 도와줄 포인트를 다음과 같이 소개하고 있습니다. 저도 실천하고 있는 지침은 다음과 같습니다.

- 인생은 각종 트레이드 오프로 구성되어 있다
- 선택이 적을수록 인생은 풍요로워진다
- 선택을 피하는 가장 단순한 전략은 부자가 되는 것
- 좋은 선택이란 가성비와 리스크 효율을 최적화하는 것
- 만족도를 최대화하는 것이 아니라 후회를 최소화한다
- 수면이야말로 가장 효과 좋은 성공 법칙
- 1일은 24시간이 아니라 10시간밖에 없다
- 오후의 카페인, 알코올, 수면제는 수면의 질을 낮춘다
- 매일 25분의 산책으로 장수할 수 있다
- 선택의 결과는 누적된다
- 가구 연 수입 1억 5,000만원과 금융자산 10억원부터는 행복지수가 올라가지 않는다
- 가장 효과적으로 행복해지는 방법은 부자가 되는 것
- 무의식은 의식보다 현명하다
- 뇌는 에러가 너무 많아서 의식만으로는 대처할 수 없다

- 습관의 힘이 기적을 일으킨다
- 맥시마이저, 미니마이저보다 새티스파이어

맥시마이저(Maximizer)란 이익이나 성과를 최대화하려는 사람, 미니마이저(Minimizer)는 손실이나 리스크를 최소화하려고 하는 사람입니다. 단, 타치바나 씨는 양측 모두 예측 불가능하고, 특히 급격히 변화하는 현대 사회에서는 변화에 대응하기 더 어려우니 차라리 어느 정도의 리스크는 감수하면서도 일정 성과에 만족하는 새티스파이어(Satisfier)가 되는 것이 성공의 비결이라고 주장합니다.

결국 인생의 후반부가 중요하며 마지막에 '내 인생은 좋은 이야기였다'고 생각할 수 있는지를 기준으로 인생 설계를 해야 한다는 것입니다. 물론 저도 완전히 동감합니다. 이를 위한 주요 포인트는 다음과 같습니다.

- 행복이란 자신의 인생을 '좋은 이야기'였다고 말할 수 있는 것
- 성공은 좋은 이야기를 만들 수 있는 인생을 설계하는 것
- 뇌는 가장 최근의 일에 강하게 영향을 받는다. 인생도 끝이 좋

으면 모든 것이 좋은 것이다

- 자산 형성 = (수입 - 지출)+(자산 × 운용이자)
- 주식 장기 투자는 플러스섬 게임
- 인덱스 투자의 우위성은 운용을 생각할 필요가 없고 시간 효율 이 높다는 것
- 성공한 사람이란 자기 능력을 효율적으로 수익화하는 사람
- 인적자본은 일할 수 있는 시기가 길수록 커지며 평생 현역 전략 은 유효하다
- 자신의 능력이 우위성을 가진 시장을 찾아낸다
- 중요한 것은 '젊어서 성공하는 것'보다 '인생의 마지막에 성공하 는 것'
- 정보와 소개를 제공하는 Giver가 된다
- 80년 인생에서 단 4,000주밖에 안 되는 인생이란 시간관리법 그 자체이다

플러스섬 게임이란 세계 경제의 성장이 계속되고 주식 시장 전체가 좋아지면 주식 투자를 한 사람이 모두 그 혜택을 받게 되는 게임으로, 모두가 승자입니다. 이에 비해 FX 등 외환 투자와 같은 제로섬 게임이란, 누군가의 이익은 누군가의 손실로 메꿔져 전체적으로는 제로가 되

는 게임을 말합니다. 두말할 것도 없이 플러스섬 게임에 참가하는 것이 좋겠죠.

우리가 인생에서 쓸 수 있는 자원은 한정되어 있습니다. 무언가를 선택하는 것은 자원을 소비하는 것이기 때문에 다른 선택을 할 자원이 줄어듭니다. 가장 합리적인 것은 유한한 자원을 무엇에 투자할지 처음부터 정해두는 것이며 이것이 '선택하지 않는다'는 선택입니다.

인생은
후반 승부

인생 후반부의 중요성을 강조하는 책은 정말 많이 출간되어 있습니다. 심지어 잘 팔리기도 합니다. 인생 100세 시대라고 불리는 요즘, '50세부터가 진짜 인생이다'라는 메시지가 가장 많이 보입니다.

여기서는 제가 인생 후반부를 설계할 때 가장 많은 영향을 받은 다섯 가지를 소개하고 이들이 공통으로 강조하고 있는 포인트를 정리해서 해설하도록 하겠습니다(출판 날짜가 오래된 순).

《오하시 교센 제2의 인생 이것이 정답!》◈[088]의 저자 오하시 교센 씨는 제가 젊은 시절부터 동경해서 마음속으로 멘토, 롤모델로 삼고 있던 분입니다. 교센 씨는 TV 프로그램 사회자로서 전성기를 누리고 있던 56세 때 갑자기 거의 은퇴하다시피하며 TV 노출을 크게 줄였습니다. 그리고는 'OK 기프트숍'이라는 해외 기념품 가게를 운영하면서 겨울에는 호주, 뉴질랜드, 여름에는 캐나다에 살면서 봄과 가을에만 짧게 일본에 머무르는 생활을 시작했습니다. 태양의 빛을 따라 나라를 옮겨다니는 그의 라이프 스타일은 '해바라기 생활'이라 불리며 큰 화제를 모았습니다.[088]

교센 씨의 집은 원래 시즈오카 현 이토 시에 있었습니다. TV 프로그램을 녹화하는 날에만 도쿄의 호텔에서 지내곤 했는데, 라이프 스타일을 바꾸면서 원래 살던 집을 팔고 해외로 나갈 때 편리하도록 나리타 공항 근처로 이사해서 세계 여러 곳에 거점을 두는 삶이 된 것입니다.

저는 57세에 회사원 생활을 마치고 1인 기업을 세운 후, 4년 차부터 원래 살던 집에서 조금 더 멀리 있는 히가

🔖 088   大橋巨泉 第二の人生これが正解!, 오하시 교센 저, 쇼가쿠칸, 2013

시이즈에 책 집필을 위한 사무실을 두었고, 어쩌다 보니 '두 집 살림'을 시작하게 되었습니다. 사무실 근처는 매일 들어갈 수 있는 데다가 생선도 맛있고, 지척에 바다와 산이 있는 자연친화적인 환경이라 창의적인 일을 하기에는 최고인 곳입니다. 아직 현역으로 일하고 있긴 합니다만, 회사원 시절에 비해 스트레스는 확 줄었습니다. 그리고 온난한 기후를 워낙 좋아해서 이곳과 저는 너무 잘 맞습니다. 언젠가는 1년 내내 여름인 섬 하와이에서 기간을 정해 몇 달간 살아보는 것이 꿈입니다.

《인생은 도표로 생각한다 : 후반생의 시간을 최대화하는 사고법》[089]의 저자 히라이 씨는 누구에게든 인생의 전환기가 찾아온다고 합니다. 그는 전략 컨설턴트였다가 츠쿠바대학교 대학원 비즈니스 사이언스 계열 교수로 이직한 경험이 자신에게는 그것이었다고 합니다.

저자는 50세까지의 전반생을 인생을 구성해 가는 시

---

[089] 人生は図で考える 後半生の時間を最大化する思考法, 히라이 다카시 저, 아사히신문출판, 2022

시간관리의 정석

간, 50세 이후의 후반생을 인생을 통합하고 맛보는 시간이라고 정의합니다. 기존의 넓히는 사고에서 깊이 파는 사고로 중점을 옮기는 것이죠. 또한 5장에서도 언급했던 '자네의 법칙'이 이 책에서도 다뤄지고 있는 점이 흥미롭습니다. 나이가 들수록 짧게 느껴지는 체감 시간을 길게 느끼면서 보람되게 보내려면 인생의 전환기에 새로운 도전을 하는 것이 중요하다고 말합니다.

후반생의 귀중한 시간을 어떻게 사용할지를 두고, 저자는 다양한 사고법을 권장하고 있습니다. 그중에서도 제가 공감하고 실천하고 있는 사고법과 포인트는 다음과 같습니다.

- 인생의 국면을 뛰어넘는 '페이즈(Phase) 사고'
- 후반생에 의미를 부여하는 '센스 메이킹 사고'
- 후반생 전략은 시간의 배분과 운용이 포인트
- 해야 할 일이 아니라 하고 싶은 일에 시간을 배분하는 '전략형 사고'
- 강점을 인생의 나침반으로 삼는 '퍼스널 앵커(강점) 사고'
- 중용의 존귀함을 아는 '모데라토(Moderato) 사고'
- 존 F. 케네디 대통령의 'Life is not Fair'(인생은 공평하지 않다)

- 인생에서 중요한 것은 현실이 무엇인지가 아니라 '내가 어떻게 받아들일까'이다
- 과거와 미래가 연결된 '히스토리 사고'와 객관화된 주관인 '주관적(Subjective) 사고'
- 라이프 차트로 인생을 '가시화'하다
- 죽음 직전까지 인풋과 아웃풋을 반복하는 것이 사람 수명의 본질이다

이런 사고법을 바탕으로 여러분도 50세에 찾아오는 변환점을 활용해 인생 후반에 새로운 도전을 시도해보세요. 시간을 길게 느끼면서 알차고 보람 있는 인생을 살아보시는 게 어떨까요?

《'종신현역'으로 살기 위한 조건》📖 **090**은 제가 30대 무렵부터 저서를 읽고 인생 설계의 힌트를 많이 얻었던 다나카 마스미 씨가 가장 최근에 낸 신간입니다. 다나카 씨는 일본경제신문사, 닛케맥그노힐사(현 닛케이BP)를 거쳐 43세의 나이에 독립하여 휴먼 스킬 연구소를 설립하

📖 **090** "終身現役"で生き抜くための条件, 다나카 마스미 저, 필스출판, 2022

고 이후 44년 동안 사회교육가로서 강연도 하고 저서도 집필하고 있습니다. 지금까지 출간된 저서는 약 100권, 강연 횟수는 약 7,000회 이상이며 현재도 동기부여 전문 강사로서 현역에서 활동하고 있습니다.

다나카 씨의 저서 및 강연의 주제는 독립했을 때부터 늘 변함없이 '인생 100세 시대가 온다', '종신현역의 업무 방식', '인생의 승부는 후반에 달려 있다'입니다. 닛케이 맥그로힐사를 설립할 때 미국의 연령학(Gerontology)을 접했던 것이 계기가 되어 '종신현역의 삶'을 세계에 널리 퍼뜨리는 것을 사명으로 삼고 스스로 실천하면서 활동하고 있습니다.

저자가 시대를 앞서 나가면서 늘 반복하여 강조하고 있는 다음 포인트를 소개합니다.

- 근면하게 철저히 노력하는 용기, 실행력, 각오를 가지고 살 것
- 자신의 삶의 방식을 세상의 움직임과 관련지어서 파악하는 관점을 가질 것
- 인생 100세 시대, 인생의 승부는 후반에 있다

- 사람은 습관에 따라 만들어진다

- 재능, 기능, 기술, 자격보다 '덕망'

- 덕(德)이 있으면 따르는 사람이 있으므로 외롭지 않다

- 자신의 장점, 재능을 갈고닦는 시대

- 성공하기 위해 필요한 것은 1. 조직 2. 운 3. 힘

- 삶의 보람이 건강의 원천이다

- 마음가짐은 능력이다

- 계속하는 것이 힘이 된다

- 비관주의는 기분, 낙관주의는 의지

- 빨리 자고 빨리 일어나기, 걷기

- 좋아하는 일을 전문으로 한다

- 전문성에는 희소성이 필요하다

- 계속하는 것은 힘이 된다

- 불가결한 가족의 협력

- 결정적인 무기는 성심성의껏하는 자세

- 근면함을 이길 것은 없다

- 부부협업이야말로 성공이다

- 개인 사업의 시대

다나카 씨는 이같은 메시지를 강연에서도 반복해서

열정적으로 전하고 있습니다. 실제로 저도 30대 무렵부터 30년 이상, 읽고 듣고 실천해왔습니다. 모두 인생 설계에 큰 영향을 미친 명언이라는 사실은 저 자신이 몸소 체험하고 있습니다.

《인생의 오후를 즐기는 최소한의 지혜 : 더 멋지고 현명한 인생 후반에 대하여》📖091는 스스로는 잘 깨닫지 못하는 전성기와 커리어 하강이라는 현실을 인정하고 인생 후반은 다른 규칙으로 살아야 한다고 주장합니다.

더 나은 인생의 오후를 살아가기 위한 다음의 포인트를 알아볼까요? 어쩌면 여러분에게 익숙한 것일 수도 있습니다.

- 유동성 지능에서 결정성 지능으로
- '특별'해지기보다 '행복'해지기
- 죽을 때까지 덧셈만 계속하는 삶을 그만둘 것
- 반드시 찾아오는 '죽음'을 받아들일 것

📖 091   아서 브룩스 저, 강성실 역, 비즈니스북스, 2024

- 손해와 이득이 없는 인간관계를 맺을 것

- 신앙심을 가질 것

- 자연스러운 자세와 과도기의 마음가짐

다섯 번째는《정신과 의사가 알려주는 50세부터의 시간 사용법》📖⁰⁹²입니다. 이 책은 정신과 의사인 호사카 씨가 건강 수명을 조금이라도 연장할 수 있는 방법을 소개합니다. 모두가 고민할만한 이 시기의 인생을 풍성하게 만들어 인생 후반부 라이프의 의의를 생각하자는 내용입니다. 50대부터 하는 제2의 인생의 준비로, 제가 실천한 항목은 다음과 같습니다.

- 제2의 인생 테마 및 과제를 찾기 위해서 '자신의 역사'를 만든다

- 제2의 인생을 쾌적하게 보내기 위해서는 사회와 접점을 가지는 다양한 업무 방식을 모색한다

- 50대의 10년은 '배우는 일 그 자체를 목적'으로 하는 특별한 시간이다

📖 092 精神科医が教える50歳からの時間の使い, 호사카 다카시 저, 신성출판사, 2023

시간관리의 정석

- 가정 내에서의 역할 분담을 재검토하고 주치의와 함께 건강 관리에 힘쓴다

- 1년에 한 번은 자금 회의 시간을 가지고 돈의 불안을 없앤다

- 회사나 가정을 제외한 나만의 장소를 두어 '정년 난민'의 시기를 벗어난다

나는 인생에서
무엇을 이루고 싶은가?

자신에게 있어 중요한 일, 하고 싶은 일, 사명을 찾고 그것에 집중해서 인생을 설계할 것을 제시하는 여섯 가지를 소개하겠습니다.

각각 메시지의 표현 및 수법은 다르지만, 시간관리법을 주제로 하는 것은 같습니다. 가장 중요한 일, 가장 하고 싶은 일, 미션(사명) 등, 자신의 인생에서 추구하고 싶은 것을 찾고 그것에 집중하라는 것입니다.

《인생에서 이루고 싶은 100가지》📖 093에서는 반드시 이루고 싶은 100가지 항목을 적은 인생 리스트를 작성하고 그에 주력하면서 인생을 즐기자고 이야기합니다.

《인생을 변화시키는 시간전략》[094]은 사는 목적 즉, '미션'을 가져야 한다고 강조합니다. 그리고 목표를 어떻게 하면 달성할 수 있는지를 매일 생각하면서 살면 주변의 환경, 인맥 등이 점차 변하게 되고 마침내 성취할 수 있게 된다고 합니다. 저자인 아오키 씨가 대표로 있는 주식회사 아티브먼트가 개최하는 인기 강좌 〈정점으로 가는 길〉은 20년 연속 개최되어 무려 5만 명 이상이 수강하고 있습니다. 강의의 중심이 되는 내용, 목표 달성이 책에 잘 드러나 있습니다.

《미션은 무기가 된다》[095]에서도 자신만의 미션을 찾으면, 흔들리지 않는 무기가 된다는 것을 설명하고 있습니다. 저자인 다나카 씨가 교수로서 제공하고 있는 릿쿄대학교 비즈니스스쿨의 '백열교실(白熱教室)'을 재현한 내용입니다.

[093] 로버트 해리스 저, 윤남숙 역, 자음과모음, 2005
[094] 아오키 사토시 저, 이민영 역, 연암사, 2010
[095] ミッションは武器になる, 다나카 미치아키 저, NHK출판, 2018

《롱 게임》◆**096**은 자신에게 있어서 가장 의미가 있는 것을 하려면 장기적 사고를 익히고 오래 가는 인간관계를 맺어야 한다고 말합니다.

저자인 도리 클라크 씨는 'Thinkers 50'(2년에 1번 선발되는 세계의 경영사상가 톱 50)에 2019년, 2021년 2번 선발된 우수한 경영인입니다.

구체적인 사고방식 및 행동의 제언으로 제가 공감하고 도입하고 있는 것은 다음과 같습니다.

- 새로운 도전에 '20%의 시간'을 사용한다
- 새로운 분야에 도전하는 타이밍은 잘 되고 있을 때
- 인생의 포트폴리오를 만든다
- 전략적으로 한 가지에 집중한다
- 네트워크 만드는 데 중요한 것은 '상대를 위해서 무엇을 할 수 있는가'
- 수준 높은 사람들과 장기적인 인간관계를 맺는다
- 자신이 무엇에 공헌할 수 있는지 잘 생각한다

◆ **096** 도리 클라크 저, 김연정 역, 다산북스, 2022

- 무조건 타석에 서면 배트를 휘두른다
- 작게 시작하는 일, 목표를 달성하기 위한 시간을 안다
- 눈에 보이지 않는 꾸준한 노력을 계속하면 언젠가 엄청난 성장을 경험한다
- 긴 시간축으로 계획을 세운다

《당신이 너무 바쁘다는 착각 : 더 이상 시간에 쫓기지 않는 사람이 되는 법》[097]에서는 시간관리법은 행복지수를 높이는 기법으로 파악해야 한다고 이야기합니다. 시간관리법에 관한 다양한 과학 데이터를 분석하니 세상에서 말하는 시간관리법은 만인에게 공통되는 것은 아니었습니다. 요약하자면 각자 개인이 자신에게 맞는 '행복한 일', '보람된 일'에 시간을 사용해야 합니다.

마지막으로 소개하는 내용은《하고 싶은 일을 반드시 찾을 수 있는 포스트잇 기술》[098]입니다. 이 책은 포스트잇을 사용해서 머릿속에 있는, 하고 싶은 일을 찾고 꿈을 이루게 도와줍니다.

097 스즈키 유 저, 하진수 역, 길벗, 2024

저자인 사카시타 씨는 '포스트잇'에 의해 잠재의식의 활용을 할 수 있게 되어 인생이 완전히 변했다는 것을 자신의 체험과 더불어 말하고 있습니다. 포스트잇의 파워 및 사용법의 포인트로 저도 실천해보고 효과를 실감한 것은 다음과 같습니다.

- 포스트잇은 노트, 수첩, 컴퓨터의 장점만을 모은 도구
- 포스트잇은 아날로그 방식이지만 재정렬 및 편집을 순식간에 할 수 있다
- 포스트잇을 사용하면 하고 싶은 일을 언어화할 수 있다
- 인생 목적 = 자신의 가치관 × 세상의 뉴스
- 사회 공헌을 통해 실현하는 일이 인생의 목적
- 어디든지 붙일 수 있기 때문에 나의 생각을 전체적으로 관찰할 수 있다
- 사고와 함께 다시 붙일 수 있으므로 즉석에서 편집할 수 있다
- 잃어버리기 쉽기 때문에 오히려 누락을 없앨 수 있다
- 작기 때문에 사고를 짧게 말로 표현할 수 있다
- 손으로 만질 수 있기 때문에 아이디어를 1초 만에 잡을 수 있다

📚 098   やりたいことが絶対見つかる神ふせん, 사카시타 진 저, 다이아몬드사, 2023

- 하고 싶은 일의 진짜 정체는 돈을 버는 라이프 워크
- 포스트잇을 사용하면 미래는 생각대로 된다
- '나를 위해'를 '누군가를 위해'로 바꾼다
- 하고 싶은 일은 취미에서 생겨난다

당신도 이 포스트잇 활용법으로 잠재 능력의 힘을 끌어내고, 하고 싶은 일을 실현해 보는 게 어떨까요?

'인생의 변환점'에서
가장 추천하는 한 권

칼럼 6

《더 행복한 시간》 📖 099

캐시 홈즈 저, Gallery Books, 2022

저자인 캐시 홈즈 씨는 시간관리법과 행복지수의 상관성 분야를 전문으로 주요 학술지 외에 이코노미스트, 뉴욕 타임스, 월 스트리트 저널, 워싱턴 포스트 등에 논문 또는 기사를 올리는 캘리포니아대학교 로스앤젤레스 앤더슨 경영대학원 교수입니다.

📖 099　Happier Hour

어느 출장날, 세계를 돌아다니며 다수의 강연을 해온 캐시 홈즈는 너무나도 바쁜 삶에 회의를 느낀 이후로 시간관리법과 행복의 상관관계에 대해 집중했습니다. 다시 말하자면 이 책은 언제나 시간에 쫓기고 있는 '나'를 그만두는 방법입니다.

이 책에서 먼저 흥미로운 것은 자신이 자유롭게 쓸 수 있는 '가처분 시간'이 많다고 좋은 것이 아니라는 것, 시간이 너무 부족한 문제뿐 아니라 시간이 너무 많은 문제도 있습니다.

가처분 시간이 너무 많으면 생산성을 실감하지 못하고 목적의식 및 보람을 얻을 수 없게 됩니다. 다양한 데이터 및 연구논문에서 검증된 딱 좋은 가처분 시간은 '하루에 2시간에서 5시간'입니다. 그래서 저자는 어떻게든 1일 2시간의 가처분 시간을 확보할 수 있는 라이프 스타일로 바꾸기 위해 펜실베이니아대학교를 떠나 가족과 함께 캘리포니아로 이주, UCLA의 앤더슨 경영대학원 교수가 되었습니다. 그가 하는 강의 또한 '행복학의 인생 디자인 응용'으로, 이 책은 그 강좌 내용을 독자에게 알려주는 것입니다.

최고로 적절한 가처분 시간 2~5시간이 주어진다고 해도 무엇을 하면 좋을지 잘 모를 수 있습니다. 그래서 이 책에서는 '행복한 시간의 사용법이란 무엇인가?'를 다양한 각도에서 고찰해 나갑니다. 우선 시간을 의식하는 사람은 행복지수가 높았습니다. 따라서 이 연구의 결론은 '돈보다도 시간을 중요하게 생각하는 사람은 일상을 보다 긍정적으로 느끼

시간관리의 정석

고 있으며 인생에도 만족하고 있다'라는 것입니다.

행복한 시간의 사용법에 대해서 제가 감명을 받아 실천하고 있는 포인트는 다음과 같습니다.

- 시간적 여유를 느끼기 위해서는 ①몸을 움직인다 ②친절을 실천한다 ③경외의 뜻을 맛본다
- 몸을 움직이는 운동은 1일 30분 이상
- 1일 1회는 친구나 모르는 사람을 돕자
- 경외의 뜻이란 사람과의 관계, 자연, 예술, 인간의 위업을 접하는 것
- 가장 행복한 시간의 사용법은 가족 및 친구들과 교류하는 것, 자연 속에서 지내는 것
- 가장 행복하지 않은 시간의 사용법은 통근, 가사, 노동
- 운동과 수면을 충분히 하면 기분이 좋아지고 활동이 즐거워진다
- 사람과의 연결고리가 큰 행복을 가져다준다
- 통근 시간을 즐기기 위한 활동을 끼워 넣는다
- 남아 있는 시간은 정해져 있고, 귀중하다고 인식한다
- 매일, 매주의 활동에 다양성을 두어라
- '지금 여기'에 초점을 맞춘다
- 명상을 실천하면 지금이라는 순간에 의식을 향할 수 있다
- 집중력을 떨어뜨리는 환경에서 나를 지키는 환경을 만들자

- 유한한 시간 속에서 자신에게 기쁨을 가져다주는 활동을 우선 한다
- 행복해질 수 있는 활동을 전체에 분산시킨다
- 시간을 부감하면 행복감과 만족감이 높아진다
- 내가 가장 행복했던 경험을 알고, 나이에 맞는 행복을 어떻게 경험할지를 안다
- 인생의 만족도를 올리는 유일하고 최대인 예측 인자는 나를 지지하는 강력한 인간관계
- '경험한 후회'는 오래 가지 않는다, '경험하지 않은 후회'는 오래 가서 인생 최대의 후회가 된다

결국 1일 2시간 행복한 시간의 사용법을 확보하는 최대의 비결은 먼저 그것을 위한 시간을 빼두는 것. 저축과 마찬가지로 미리 스케줄을 정해 버리는 것, 즉 '시간의 공제'인 것입니다.

시간관리의 정석

시간을 관리하는 것은
인생을 관리하는 것

우선 이 책을 끝까지 읽어 주신 여러분께 고개 숙여 감사를 드립니다.

여러분이 눈치채셨을지도 모르지만, 1, 2장에서 다룬 단기적인 '일의 기본'과 '워크-라이프 밸런스'가 3, 4장의 중기적인 '마인드셋', '커리어 형성'으로 이어지고, 나아가서는 5, 6장의 장기적인 주제 '행복 실현', '인생의 변환점'으로 마무리됩니다.

이 책의 전체적인 흐름과 인생 설계까지가 우리의 삶

과 닮아있다고 느끼셨을까요?

시간은 우리 인생의 형태를 만듭니다. 즉, 저는 인생은 시간관리법, 그 자체라고 말하고 싶습니다.

다음은 제가 '좌우명'으로서 늘 마음에 새기며 떠올리고 있는 말입니다.

마음이 변하면 행동이 변한다
행동이 변하면 습관이 변한다
습관이 변하면 인격이 변한다
인격이 변하면 운명이 변한다

미국의 사회 심리학자 윌리엄 제임스 씨의 말이라고 저는 알고 있습니다만, 이 밖에도 수많은 사람이 비슷한 표현, 의미의 말을 남기고 있습니다. 영국의 대처 전 수상 힌두교의 가르침에도 비슷한 말이 있다고 합니다.

19세기 말의 미국에서 나온 '인생의 성공 법칙' '인생을 풍요롭게 하는 법칙' '승리의 철학' 등을 다루면서 '인생을 풍요롭게, 보다 잘 살기 위한 기본 법칙'을 소개하고

.

시간관리의 정석

있는 책이《인생을 바꾸는 나를 갈고닦는 법 : 사고, 언어, 행동, 습관, 인격, 운명의 법칙》 100입니다. 저는 많은 고민 끝에《시간관리의 정석》을 마무리 짓는 끝맺음으로 이 책을 소개하려 합니다.

저자인 노구치 요시아키 씨는 요코하마국립대학교 공학부 대학원 공학연구과 건축학 수료 후, 건축설계 사무소, 비즈니스 컨설팅 회사를 거쳐 인재 개발 컨설팅 회사인 주식회사 HR 인스티튜트를 창업하고 현재는 이 회사의 컨설턴트로 일하면서 수많은 비즈니스 서적을 세상에 내놓았습니다.

노구치 씨의 책을 읽으면 제가 '좌우명'으로 삼고 있는, 이 말이 갖는 깊은 뜻도 이해하실 수 있을 거라 생각합니다. 제가 노구치 씨의 책에서 받아들인 포인트는 다음과 같습니다.

100 人生を変える自分の磨き方思考・言葉・行動・習慣・人格・運命の法則, 노구치 요시아키 저, 간키출판, 2018

마치는 말

267

- 사고가 언어가 된다

- 꿈과 비전을 계속 생각하고 고심하는 일이 풍요로운 인생의 시작이다

- 주체적인 사고의 양과 질이 창조성을 발휘하게 한다

- 좋은 사고를 계속하면 좋은 말이 나온다

- 훌륭한 리더는 말에 체온과 체중을 싣고 있다

- 정기적으로 자신의 말버릇을 내려놓기

- 좋은 말을 계속하면 좋은 행동으로 이어진다

- '착안대국, 착수소국'의 사고, 말, 행동이 기본

- 프로란 늘 준비되어 있는 사람을 말한다

- 자기 책임하에 행동할 수 있는 사람을 '자유'라고 한다

- 행동의 전제는 목적과 목표의 명확화부터다

- 정말 좋아하는 일을 1만 시간 계속하면 그 길의 '일류'가 될 수 있다

- 행동을 계속하면 그것은 습관이 된다

- 신은 세세한 부분에 깃든다

- 행동의 목적, 목표, 수단을 정리하면 좋은 습관 형성으로 이어진다

- 풍요로운 인생 만들기의 3요소란 '시간·학습·사람'이다

- 습관은 계속할수록 힘이 생기고 곧 마법이 된다

- 좋은 습관이 인격의 원천을 만든다
- 삶의 목적은 인격을 높이고 주변을 행복하게 하는 것
- 인생에서 가장 중요할 때, 그것은 언제나 '지금'
- '자신의 인생~ 운명의 로드맵'을 그리면 자신의 사고, 말, 행동, 습관을 돌아볼 수 있다
- 인격을 낮추는 데 시간은 걸리지 않는다. 하지만 인격을 올리는 데에는 방대한 시간이 필요하다
- 인격을 갈고닦을 수 있다면 그 사람의 운명은 좋은 방향으로 흘러간다
- 어떤 운명도 일단은 솔직하게 받아들여야 한다
- 운명을 넘기 위해서는 최대한 '포커스&딥'한 삶을 사는 게 좋다

이제 시간관리법의 여행은 끝났습니다.

여러분의 마음에 울릴 키워드, 핵심 문장이 하나라도 있고 여러분의 인생을 바꿀 명저와의 만남이 있으면 저는 만족합니다. 그것이 여러분의 시간관리법을 바꿀 한 걸음이 되길 진심으로 바라겠습니다.

마지막으로 이 책(원서의 경우)의 기획 초기부터 집필

마지막까지 함께 달려주시면서 멋진 아이디어와 조언을 주신 WAVE 출판편집부의 후쿠시 유 님께 진심으로 감사 말씀드립니다.

시간관리의 정석을 담은
비즈니스서 100

001　《제4의 물결 오마에류 '21세기형 경제이론'(第4の波 大前流 「21世紀型経済理論」)》, 오마에 겐이치 저, 쇼가쿠칸, 2023

002　《야근 제로! 일이 3배 빨라지는 준비 작업 : 일 잘하는 사람이 실천하고 있는 77 TIPS(残業ゼロ! 仕事が3倍早くなるダンドリ仕事術 - デキル人が実践している77TIPS)》, 요시야마 유키 저, 아스카출판사, 2008

003　《일의 '질'과 '스피드'가 올라가는 일의 순서(仕事の「質」と「スピード」が上がる仕事の順番)》, 다나카 다카히코 저, 포레스트출판, 2023

004　《낭비 제로, 생산성을 3배로 올리는 가장 빨리 일을 끝내는 사람의 시간 단축 기술(無駄ゼロ、生産性を3倍にする最速で仕事が終わるひとの時短のワザ)》, 이바 마사야스 저, 아스카출판사, 2022

005　《오늘 또 일을 미루고 말았다》, 나카지마 사토시 저, 양수현 역, 북클라우드, 2017

006 《이 사람은 왜 정리에 강한가》, 사토 가시와 저, 정은지 역, 바다출판사, 2008

007 《어쩐지 일이 빨리 끝나지 않는 사람을 위한 그림으로 설명하는 초 작업 관리 기술(なぜか仕事が早く終わらない人のための図解超タスク整理術)》, 사사키 쇼고 저, 아침출판, 2022

008 《굿바이! 바쁨》, 마크 포스터 저, 신성재 편역, 교회성장연구소, 2009

009 《싱글 태스킹》, 데보라 잭 저, 이혜리 역, 인사이트앤뷰, 2015

010 《시간 최소화 성과 최대화 법칙》, 기노시타 가쓰히사 저, 류두진 역, 한빛 비즈, 2023

011 《일하는 시간을 줄여드립니다 : 1년간의 생산성 실험이 밝혀낸 잘되는 사 람의 루틴》, 크리스 베일리 저, 황숙혜 역, 알에이치코리아, 2023

012 《생산성》, 이가 야스요 저, 황혜숙 역, 쌤앤파커스, 2017

013 《모든 일에 마감시간을 정하라》, 요시코시 코이치로 저, 정정일 역, 원앤 원북스, 2008

014 《매일 정시에 퇴근해도 월급이 오르는 시간 사용법을 금융 전문가에게 물 어보았다!(毎日定時で帰っても給料が上がる時間の使い方をお金のプロに 聞いてみた!)》, 이노우에 요이치 저, 선마크출판, 2016

015 《사실은 중요한데 아무도 가르쳐주지 않는 VUCA 시대의 일의 기본(本当 は大切なのに誰も教えてくれないVUCA時代の仕事のキホン)》, 고노 에이 타로 저, PHP연구소, 2019

016 《사토 마사루가 직접 전수하는! 최강의 업무 방식(佐藤優直伝! 最強の働き 方)》, 사토 마사루 저, 자유국민사, 2019

017 《간단하게 살아라(시간관리편)》, 베르너 티키 퀴스텐마허 저, 박정미 역, 이지북, 2006

018 《세계 최고 인재들의 47가지 성공 법칙을 훔쳐라》, 슈 하토리 저, 이현욱 역, 앵글북스, 2017

019 《하루 24시간 어떻게 살 것인가》, 아놀드 베넷 저, 이미숙 역, 더모던,

시간관리의 정석

2023

020 《내 시간을 찾자(自分の時間を取り戻そう)》, 치키린 저, 다이아몬드사, 2016

021 《버리는 사고법(「捨てる」思考法)》, 데구치 하루아키 저, 매일신문출판, 2022

022 《포컬 포인트(Focal Point)》, 브라이언 트레이시 저, AMACOM, 2004

023 《플레잉 매니저 : '야근 제로' 업무 기술(プレイングマネジャー「残業ゼロ」の仕事術)》, 고무로 요시에 저, 다이아몬드사, 2018

024 《맥킨지에서 당연하게 하고 있는 업무 방식 디자인(マッキンゼーで当たり前にやっている働き方デザイン)》, 오시마 사치요 저, 일본능률협회 매니지먼트센터, 2018

025 《당신의 하루는 27시간이 된다 : 나만의 3시간을 만드는 인생과 업무의 초정리법(あなたの1日は27時間になる。「自分だけの3時間」を作る人生・仕事の超整理法)》, 기무라 사토코 저, 다이아몬드사, 2015

026 《초DX 업무술(超DX仕事術)》, 소마 마사노부 저, 선마크출판, 2022

027 《다카하시식 디지털 업무 기술(高橋洋一式デジタル仕事術)》, 다카하시 요이치 저, 카야쇼보, 2021

028 《초 창조법 : 생성 AI로 지적 활동은 어떻게 변하는가?(「超」創造法 生成AIで知的活動はどう変わる?)》, 노구치 유키오 저, 환동사, 2023

029 《행동이 결과를 바꾸는 핵대학식 최강의 업무기술(行動が結果を変えるハック大学式最強の仕事術)》, 핵대학 페소 저, 소시무, 2020

030 《그래서 무슨 말이 하고 싶은 건데? 라는 말을 듣지 않는, 평생 써먹을 수 있는 '1분 전달' 기술(「結局、何が言いたいの?」と言われない一生使える「一分で伝わる」技術)》, 오키모토 루리코 저, 야마토출판, 2023

031 《메이크 타임》, 제이크 냅, 존 제라츠키 공저, 박우영 역, 김영사, 2019

032 《결과를 내는 사람은 수정력이 대단해(結果を出す人は修正力がすごい)》, 오니시 미츠루 저, 미카사쇼보, 2019

033 《계속하게 만드는 하루 관리 습관》, 케빈 크루즈 저, 김태훈 역, 프롬북스, 2017

034 《마인드셋》, 캐롤 드웩 저, 김준수 역, 스몰빅라이프, 2023

035 《10초 행동력》, 후지요시 다쓰조 저, 김영희 역, 도서출판 위, 2016

036 《즉시 행동하기! : 행동력을 높이는 과학적인 방법(すぐやる!「行動力」を高める科学的な方法)》, 스가와라 요헤이 저, 분쿄샤, 2016

037 《실행이 답이다》, 이민규 저, 더난출판사, 2019

038 《무슨 일이든 즉시 실행하는 기술(どんなことでもすぐやる技術)》, 이시가와 가즈오 저, 가켄, 2023

039 《게으른 뇌에 행동 스위치를 켜라》, 오히라 노부타카 저, 오정화 역, 밀리언서재, 2022

040 《전략적 사고 트레이닝(戦略的思考トレーニング)》, 미사카 켄 저, PHP연구소, 2021

041 《구체 ↔ 추상 트레이닝(具体↔抽象トレーニング)》, 호소야 이사오 저, PHP연구소, 2020

042 《지식과 기술로 가장 빨리 돈을 벌 수 있는 어른의 공부(知識とスキルを最速で稼ぎにつなげる大人の学び直し)》, 시미즈 구미코 저, 미카사쇼보, 2023

043 《영화를 빨리 감기로 보는 사람들》, 이나다 도요시 저, 황미숙 역, 현대지성, 2022

044 《신의 시간술》, 가바사와 시온 저, 정지영 역, 리더스북, 2018

045 《결핍의 경제학》, 센딜 멀레이너선, 엘다 샤퍼 공저, 이경식 역, 알에이치코리아, 2014

046 《성공하는 사람들의 7가지 습관》, 스티븐 코비 저, 김경섭 역, 김영사, 2023

047 《일 빨리 끝내는 사람의 42가지 비법》, 요시다 유키히로 저, 김진연 역,

센시오, 2020

048 《즉시 실행하는 것보다 잘 된다! 일을 짧게 하는 습관(「すぐやる」よりはかとる!仕事も「短くやる」習慣)》, 야마모토 다이헤이 저, 크로스미디어퍼블리싱, 2023

049 《과학적으로 일을 계속하는 방법 : 습관으로 만든 사람이 성공한다(科学的に「続ける」方法「習慣化」できる人だけがうまくいく)》, 나이토 요시히토 저, 종합법령출판, 2023

050 《아주 작은 습관의 힘》, 제임스 클리어 저, 이한이 역, 비즈니스북스, 2019

051 《인생의 위대한 질문(Life's Great Question)》, 톰 래스 저, 실리콘길드, 2020

052 《세계의 리더들은 왜 직감을 단련하는가》, 야마구치 슈 저, 이정환 역, 북클라우드, 2018

053 《무례함의 비용》, 크리스틴 포래스 저, 정태영 역, 흐름출판, 2018

054 《늦깎이 천재들의 비밀》, 데이비드 엡스타인 저, 이한음 역, 열린책들, 2020

055 《100만 명 중에 유일한 한 사람이 되는 방법(100万人に一人の存在になる方法)》, 후지하라 가즈히로 저, 다이아몬드사, 2019

056 《앞으로 시장가치가 올라가는 사람(これから市場価値が上がる人)》, 기타노 유이가 저, 포플러사, 2023

057 《회사 안의 '일' 사회 안의 '일(会社のなかの「仕事」社会のなかの「仕事」)》, 아베 마사히로 저, 코분샤, 2023

058 《커리어 약자의 성장전략(キャリア弱者の成長戦略)》, 마나카 켄스케 저, 신초샤, 2023

059 《다동력》, 호리에 다카후미 저, 김정환 역, 을유문화사, 2018

060 《일하는 법 : 완전무쌍(働き方完全無双)》, 히로유키 저, 야마토쇼보, 2021

061 《사쿠마 노부유키의 약아빠진 업무기술(佐久間宣行のずるい仕事術)》, 사쿠마 노부유키 저, 다이아몬드사, 2022

062 《누구와도 어디에서든 일할 수 있는 최강의 업무 기술(誰とでもどこででも働ける最強の仕事術)》, 야마하 다카히사 저, 자유국민사, 2023

063 《함께 뛰는 매니지먼트(伴走するマネジメント)》, 와다 신지 저, 자유국민사, 2023

064 《상대에게 '하고 싶어!' '갖고 싶어!' '도전하고 싶어!'라는 생각이 들게 하는 근질근질 업무 기술(相手にやりたいほしい挑戦したいと思わせるむずむず仕事術)》, 이치카와 히로코 저, 아침출판, 2023

065 《수평 경영 : 편안한 팀을 만드는 일곱 가지 사고(フラットマネジメント心地いいチームをつくるリーダーの7つの思考)》, 덴츠 청소년 연구부 와카몬 저, 엠디엔코퍼레이션, 2023

066 《말이 무기다》, 우메다 사토시 저, 유나현 역, 비즈니스북스, 2017

067 《카피라이터의 표현법》, 아라키 슌야 저, 신찬 역, 현대지성, 2024

068 《아웃풋 사고 : 1의 정보에서 10의 답을 도출하는 전문 기술(アウトプット思考1の情報から10の答えを導き出すプロの技術)》, 우치다 카즈나리 저, PHP연구소, 2023

069 《나만의 성공곡선을 그리자》, 이시하라 아키라 저, 정택상 역, 중앙경제평론사, 2008

070 《꿈을 이룬 사람이 하고 있는 시간 기술(夢をてに入れる人がやっている時間術)》, aya 저, 자유국민사, 2022

071 《업무량도 납기일도 바꿀 수 없지만 체감 시간은 바꿀 수 있다(仕事の量も期日も変えられないけど、体感時間は変えられる)》, 이치카와 마고토 저, 청춘출판사, 2022

072 《세상의 모든 시간》, 리사 브로더릭 저, 장은재 역, 라의눈, 2024

073 《성공은 시간이 100%(成功は時間が10割)》, 햐쿠타 나오키 저, 신초샤, 2022

動に移せない…そんな悩みを解決します！)》, 요시타케 아사코 저, 간키출판, 2023

법》, 스즈키 유 저, 하진수 역, 길벗, 2024

098 《하고 싶은 일을 반드시 찾을 수 있는 포스트잇 기술(やりたいことが絶対見つかる神ふせん)》, 사카시타 진 저, 다이아몬드사, 2023

099 《더 행복한 시간(Happier Hour)》, 캐시 홈즈 저, Gallery Books, 2022

100 《인생을 바꾸는 나를 갈고닦는 법 : 사고, 언어, 행동, 습관, 인격, 운명의 법칙(人生を変える自分の磨き方思考・言葉・行動・習慣・人格・運命の法則)》, 노구치 요시아키 저, 간키출판, 2018

옮긴이 **최지현**

한양대학교에서 일어일문학을 전공하고 한국외국어대학교 통번역대학원 한일과를 졸업한 후 MBC 편성기획부, ㈜한국닌텐도 등 기업에서 통번역사로 근무했다. 이후 일본어 출판번역가로 활동하며 출판번역 에이전시 글로하나에서 일서 번역과 검토에 힘쓰고 있다.

역서로 《무조건 팔리는 스토리 마케팅 기술 100》《무조건 팔리는 심리 마케팅 기술 100》《꿈과 돈》《기분의 디자인》《돈이 되는 말의 법칙》《스크럼》《오늘날의 치료 지침》 등이 있다.

시간관리의 정석

1판 1쇄 인쇄 2024년 12월 27일
1판 1쇄 발행 2025년 1월 20일

지은이 오스기 준
발행인 김태웅
기획편집 이미순, 박지혜, 이슬기
마케팅 총괄 김철영 마케팅 서재욱, 오승수
디자인 스튜디오포비
온라인 마케팅 하유진 인터넷 관리 김상규
제작 현대순 총무 윤선미, 안서현, 지이슬
관리 김훈희, 이국희, 김승훈, 최국호

발행처 ㈜동양북스
등록 제2014-000055호
주소 서울시 마포구 동교로22길 14(04030)
구입 문의 (02)337-1737 팩스 (02)334-6624
내용 문의 (02)337-1763 이메일 dymg98@naver.com

ISBN 979-11-7210-901-1 03190